COMUNICAR A MEMÓRIA

Joana T. Puntel

Prefácio de Paulo Suess

Jornalismo
no coração da
Amazônia

Dados Internacionais de Catalogação na Publicação (CIP)
(Câmara Brasileira do Livro, SP, Brasil)

Puntel, Joana T.
   Comunicar a memória : jornalismo no coração da Amazônia / Joana T.
Puntel. -- São Paulo : Paulinas, 2020.
   248 p. : il.

   ISBN 978-85-356-4632-0

   1. Jornalismo 2. Missões - Amazônia - Jornalismo 3. Reportagens e
repórteres 4. Evangelização - Igreja Católica - Amazônia 5. Vida cristã 6.
Índios da América do Sul I. Título II. Série

   20-2254   CDD 070

Índice para catálogo sistemático:

1. Jornalismo   070

1ª edição – 2020

Direção-geral:	*Flávia Reginatto*
Editora responsável:	*Marina Mendonça*
Copidesque:	*Mônica Elaine G. S. da Costa*
Coordenação de revisão:	*Marina Mendonça*
Revisão:	*Sandra Sinzato*
Gerente de produção:	*Felício Calegaro Neto*
Capa e projeto gráfico:	*Jéssica Diniz Souza*
Imagem de capa:	*Michel Reyes – unsplash.com*

Nenhuma parte desta obra poderá ser reproduzida ou transmitida
por qualquer forma e/ou quaisquer meios (eletrônico ou mecânico,
incluindo fotocópia e gravação) ou arquivada em qualquer sistema ou
banco de dados sem permissão escrita da Editora. Direitos reservados.

Paulinas

Rua Dona Inácia Uchoa, 62
04110-020 – São Paulo – SP (Brasil)
Tel.: (11) 2125-3500
http://www.paulinas.com.br – editora@paulinas.com.br
Telemarketing e SAC: 0800-7010081

© Pia Sociedade Filhas de São Paulo – São Paulo, 2020

SUMÁRIO

Prefácio 5

Introdução 11

MISSÕES NA AMAZÔNIA (COMUNICAR A MEMÓRIA)

O que faz uma missão 19

Missões em Tefé: o desafio para libertar o homem 27

Seringueiro: um grito na selva amazônica 43

Marajó: "Milagre da unidade à beira da mata" 57

Missões: Deus faz história com seu povo 75

O grito do homem sem terra 85

A verdade que vem do povo 103

Um pouco de Deus no coração das pessoas 129

Nas florestas e nos rios, um missionário audacioso 141

POVOS INDÍGENAS: HABITANTES PRIMEIROS

Índio tem nome definido 153

Índio: um ser descartável? 167

Índios: "Queremos viver!" 177

Índios no Alto Solimões 183

NORDESTE: SEMEADURA DE EVANGELIZAÇÃO

Helder Camara, o "revolucionário" da paz 193

Religião popular no sertão nordestino 211

Pobres: os mestres de Alfredinho 221

PREFÁCIO

O sumário deste livro nos apresenta peças coloridas de uma tapeçaria amazônica brasileira, em forma de coletânea de textos que perpassam florestas e vilas, rios e igarapés. Fazem-nos ouvir as vozes dos seus habitantes, gritos e canções. Para mim, essas vozes são familiares, como sinos da minha juventude. Cheguei, em 1966, a essa Amazônia. Aprendi, como pároco, a respirar com o povo os ares do baixo Amazonas de Juruti-PA, e depois, como professor do Cenesc, um Instituto inter-regional de Teologia e Pastoral, em Manaus-AM, como morador na então favela da "Compensa", sem água nem energia elétrica. Em 1979, o Conselho Indigenista Missionário (Cimi) me escolheu secretário da entidade, o que me obrigou, em plena ditadura militar, a viver em Brasília-DF. Desde 1972, com a fundação do Cimi, a Pastoral Indigenista era uma voz profética coletiva que ofereceu à

Igreja a oportunidade privilegiada de revisar a sua pastoral à luz do Evangelho.

Comunicar a memória da Amazônia não é uma aventura privada. É um ato público. Significa comunicar experiências de felicidade e testemunhar feridas abertas ou superficialmente cicatrizadas. Mas o ato de comunicação já faz parte de uma pajelança curativa. A repórter dessa realidade é guardiã e pajé. Não guardiã de cinzas, mas de uma vida que se fez história com todas as suas contradições. Suas reportagens nos trazem a memória de beatos (Frei Damião) e profetas (Helder Camara), povos indígenas do Alto Solimões e missionários audaciosos do Acre, mestres sábios (Alfredinho) e seringueiros destemidos.

Joana Puntel, que muitos leitores conhecem da *Família Cristã*, revista conceituada dos lares brasileiros, é também pajé. Seus escritos são promessas de uma vida reconciliada com a criação inteira que emerge no horizonte de lutas por um mundo sem refugos humanos, e no qual todas as vidas importam. Nessa função de "guardar", "comunicar", "sanar" e "prometer", as memórias da autora exercem uma função missionária e eucarística, a qual nos associa à memória perigosa "de Jesus, que transformou um sepulcro de ponto de chegada em ponto de partida" (Papa Francisco, *Homilia*, 14 de junho de 2020), e a qual comemoramos onde as distâncias da Amazônia e as cristalizações de reservas canônicas nos permitem celebrar a Eucaristia.

Como mostram as memórias de Joana Puntel, oportunidades não faltam para transformar sepulcros em pontos de partida, "partida", como indica o verbo "partir", em seu múltiplo sentido: "iniciar uma caminhada", "rachar" ou "dissecar" narrativas em busca de seu sentido profundo, e "repartir" com os leitores, porque encontrou nelas não só episódios caseiros e regionais, que nos permitiram assistir de camarote a "injustiça e crime" (QA 14) praticados nessa Amazônia. O que acontece nas microestruturas amazônicas, muitas vezes, é ressonância das macroestruturas políticas que nunca desistiram de tratar essa região periférica do Brasil como colônia a ser explorada. O magistério da Igreja nos fala da transformação da globalização "em um novo tipo de colonialismo" (QA 14), bem caracterizado na *Querida Amazônia* do Papa Francisco: "Quando algumas empresas sedentas de lucro fácil se apropriam dos terrenos, chegando a privatizar até a água potável, ou quando as autoridades deixam caminho livre a madeireiros, a projetos minerários ou petrolíferos e a outras atividades que devastam as florestas e contaminam o ambiente, transformam indevidamente as relações econômicas e tornam-se um instrumento que mata" (QA 14).

A Exortação Pós-Sinodal *Querida Amazônia* é o documento-síntese da ressonância pessoal do "Sínodo para a Amazônia" (outubro de 2019), que o Papa Francisco apresentou em 2 de fevereiro de 2020. A *Querida Amazônia* é uma carta de amor, sobretudo aos povos indígenas, escrita com clareza analítica, em seu conjunto, porém, com mais afetividade que efetividade. Havia a expectativa de sinais mais claros para uma Igreja pós-colonial, principalmente na questão dos ministérios, das estruturas administrativas e da abordagem missiológica. Amazônia é uma terra de grandes distâncias geográficas, riquezas ecológicas e diversidades culturais. Ela é "um espelho de toda a humanidade que, em defesa da vida, exige mudanças estruturais e pessoais [...], dos Estados e da Igreja" (*Documento Preparatório para o Sínodo da Amazônia* 2). A descolonização permanece uma tarefa política e pastoral.

Na Encíclica *Laudato Si'*, que é a irmã da mais contextualizada *Querida Amazônia*, o Papa Francisco incentiva uma "nova solidariedade universal" (LS 14), porque "tudo está interligado" (LS 91; 117), os micro e macrossistemas ecológicos estão interligados entre si e com os micro e macrossistemas sociais. Mas também os atores dessas reportagens – que são os informantes da Irmã Joana Puntel, ela mesma, como jornalista, e nós como leitores – todos estamos interligados em uma conivência imaginária e real que não permite sair de braços cruzados dessa leitura. Ela nos obriga a deixar o papel de meros espectadores de lado e transformar nosso conhecimento em sabedoria.

Essa obrigação que emerge dos escritos da Irmã Puntel está revestida da suavidade de um convite, sem dedo em riste, mas urgente. "A espiritualidade cristã propõe uma forma alternativa de entender a qualidade de vida, encorajando um estilo de vida profético e contemplativo"

(LS 222). Somos convidados a intervir em um projeto que levou a humanidade à beira de um abismo socioecológico. Somos convidados a puxar os freios de emergência desse projeto, a disponibilizar toda nossa habilidade na criação de outro mundo possível e a assumir nossa responsabilidade por um novo estilo de vida com "sobriedade feliz" (LS 224s). "Responsabilidade" significa a habilidade de acolher perguntas e dar respostas; de acolher, sobretudo, as perguntas dos primeiros habitantes dessa Amazônia, os povos indígenas, sobre a razão e relevância da nossa presença em seus territórios, mas também de dar respostas para e por todos nós e as futuras gerações sobre a seriedade da nossa promessa de assumir um novo estilo de vida e de converter-nos de geógrafos, que conhecem o caminho, em caminhantes.

PAULO SUESS

INTRODUÇÃO

Por que comunicar a memória?

1. O tema da *narração* ocupa neste ano de 2020 a centralidade da mensagem do papa Francisco para o 54º Dia Mundial das Comunicações Sociais (2020): "'Para que possas contar e fixar na memória' (Ex 10,2). A vida faz-se história". "O homem é um ente narrador. Desde pequenos, temos fome de histórias, como a temos de alimento. [...] As narrativas marcam-nos, plasmam as nossas convicções e comportamentos [...]" (Francisco, DMCS, 2020).

As histórias de todos os tempos têm um "tear" comum: a estrutura prevê "heróis" – mesmo do dia a dia – que, para encalçar um sonho, enfrentam situações difíceis, combatem o mal, movidos por uma força que os torna corajosos: a força do amor. "Mergulhando dentro das histórias, podemos voltar a encontrar razões heroicas para enfrentar os desafios da vida" (Francisco, DMCS, 2020).

"[...] fazer memória daquilo que somos aos olhos de Deus, testemunhar aquilo que o Espírito escreve nos corações, revelar a cada um que a sua história contém maravilhas estupendas" (Francisco, DMCS, 2020).

Esta a razão que motivou a presente publicação, ou seja, *Comunicar a memória* do que vivemos e testemunhamos na ação evangelizadora na Amazônia, ao longo de vários anos, e aqui "trazidas à memória" com algumas de nossas reportagens. Não são histórias do passado. É a presença da Igreja, no silêncio, na coragem, na ação, na opção de seguir o Mestre Jesus, na denúncia, na construção de uma vida humana com dignidade, no amor e na doação de missionários que amaram o povo e despertaram o amor de Deus existente em cada pessoa. Tudo isso na paciência, na perseverança, no sofrimento e na alegria de ser um comunicador do Evangelho.

2. Nas aulas de jornalismo e aprendizado do "bem escrever", aprendi com o professor José Marques de Melo, de saudosa memória, que o jornalismo verdadeiro se executa quando se sai "a campo": vê-se, ouve-se, sensibiliza-se, informa-se a partir da realidade. Daí que o jornalismo existe não só para informar a sociedade, mas para transformá-la. Por isso ele se torna também uma missão.

Ensinava o professor, à época, que o jornalismo dividia-se em quatro categorias: o informativo, o opinativo, o interpretativo e o de entretenimento. O jornalismo interpretativo é o que, na atualidade, se chama "jornalismo literário". Eu sempre me identifiquei com o interpretativo – as reportagens. Não somente informar, mas, a partir do povo, de sua vida, de suas lutas, alegrias, escravidões, conquistas, revelar isso para a sociedade. Não havia internet. Eu chegava à Amazônia, geralmente, por Manaus. A viagem continuava com o barco, doze dias de viagem, convivendo com os viajantes, pelo rio Negro; algumas vezes, pelo rio Solimões, obedecendo às paradas planejadas anteriormente. E outras vezes chegava pelo Acre, ou pelo sul do Pará, atravessando o rio Araguaia em busca da "verdade que vem do povo" – eram tempos duros, de ditadura; outras ainda, pela Ilha do Marajó. Sempre para *Comunicar a memória* (narrativas jornalísticas) do seringueiro, dos povos indígenas, das missões nos rios, da organização das comunidades, da vida dos caboclos, organizando-se em cooperativas, da luta pela terra.

Pela grande força missionária, no Nordeste, não poderíamos deixar de evidenciar nosso encontro com d. Helder Camara, presença profética; nem o significado profundo da doação de fr. Damião, na religiosidade popular; nem do padre Alfredinho, que se converteu atendendo em confissão uma jovem prostituta à beira da morte. Memórias inesquecíveis!

Em todas essas reportagens, a missão da evangelização na Amazônia deixa perceber quanto o jornalismo, bem exercido, associa-se à missão de evangelizar, pois revela a presença constante da Igreja Católica, ano após ano, no silêncio, na dor, na alegria, na luta de quem acredita no verdadeiro significado da missão: devolver a vida, a dignidade e os direitos, não somente da terra, de "ser gente".

3. Recentemente, a Igreja realizou um Sínodo para a questão da Amazônia. E o papa Francisco nos presenteou com a Exortação *Querida Amazônia*. É o coração da Amazônia que continua pulsando, pois Francisco se refere à Amazônia como "sujeito" e afirma que ela o inspira para uma ação que leve ao cumprimento de quatro sonhos que, profundamente, revelam a ação missionária a ser continuada naquelas terras de grandes florestas, de pessoas desejosas do bem, da paz e de Deus:

> Sonho com uma Amazônia que lute pelos direitos dos mais pobres, dos povos nativos, dos últimos, de modo que a sua voz seja ouvida e sua dignidade, promovida.
>
> Sonho com uma Amazônia que preserve a riqueza cultural que a caracteriza e na qual brilha de maneira tão variada a beleza humana.
>
> Sonho com uma Amazônia que guarde zelosamente a sedutora beleza natural que a adorna, a vida transbordante que enche os seus rios e as suas florestas.
>
> Sonho com comunidades cristãs capazes de se devotar e se encarnar de tal modo na Amazônia que deem à Igreja rostos novos com traços amazônicos.[1]

---

[1] PAPA FRANCISCO. *Querida Amazônia*: Exortação Apostólica Pós-Sinodal. Roma, 2020, n. 7.

4. O presente volume, *Comunicar a memória: o jornalismo no coração da Amazônia*, é um contributo também para a área do Jornalismo, no sentido de como pode ser uma missão para a transformação da sociedade. É um reconhecimento pela incessante missão de evangelização da Igreja na Amazônia. E um convite a verificar, fazendo memória.

A necessidade de as realidades serem "tocadas" permanece como parte integrante do exercício jornalístico, não obstante a cultura atual da imaterialidade.

A sensibilização nasce do ver, ouvir e "tocar", verificando, testemunhando e "contando" os fatos que mantêm viva a memória.

MISSÕES NA AMAZÔNIA

(Comunicar a memória)

O QUE FAZ UMA MISSÃO

(SÃO GABRIEL DA CACHOEIRA – RIO NEGRO-AM – 1975)

A aventura de uma viagem improvisada
pelo interior do Amazonas
acabou possibilitando uma descoberta:
a de uma Igreja que está "nascendo direito"
entre muita gente simples.
Gente, sim!

No aeroporto de Manaus, 6h da manhã, um silêncio total. Só o ronco do motor. O grande "búfalo" – avião de carga da FAB – está para partir para São Gabriel da Cachoeira (Uaupés), a maior cidade da missão no rio Negro. Os 42 passageiros, entre os quais d. Miguel Alagna, distribuídos ao redor da grande carga que ocupa o centro do avião, apertam os cintos. Tinham vindo para o

IX Congresso Eucarístico Nacional (1975) e, naquele momento, voltam para as missões. Todos estão pensativos, bispos, padres, irmãs missionárias, indígenas e jovens. Trata-se de empreender uma viagem para longe dos "recursos", para a selva.

O avião toma a direção do rio Negro e começa a ganhar altura – 8 mil metros. Embaixo somente mata serrada e água à vontade. Agora todos sorriem. A viagem está tranquila. Três horas de voo e preparamo-nos para o pouso. No aeroporto – um deserto sem fim (a selva não é de pedra nem de areia), céu causticante, céu muito azul –, sensação de leveza. Ali não há poluição!

A chegada de um avião é o maior acontecimento do dia para os pequenos núcleos espalhados no interior do Amazonas. O aeroporto constitui o centro de comunicações. O único! Todos acenam para quem chega, mas principalmente para d. Miguel, que desfruta de grande popularidade: "Ele é um pai para nós. Agora está preocupado porque em Pari Cachoeira (uma missão além) estão sem alimentos", comenta uma das religiosas. A carga deve seguir dentro de instantes. Para isso, a agilidade de Pierangelo (voluntário italiano) é colocada imediatamente em ação. O avião vai partir logo e essa possibilidade de transporte não se apresenta todos os dias. Mais meia hora de viagem – por terra – e começa a surgir a "Bela Adormecida" – uma montanha que dá a impressão de uma moça deitada de costas com as mãos cruzadas sobre o peito. Mais perto, as lindas cachoeiras do rio Negro. O

COMUNICAR A MEMÓRIA

carro para em frente a algumas construções: a catedral, o colégio, a casa das irmãs. É a missão salesiana de São Gabriel da Cachoeira. Ali vimos como se faz uma missão.

Uma vida feita de coragem

O comentário da semana é que surgiu uma ideia nova: devido às grandes distâncias e querendo atingir famílias indígenas que se encontram longe, perdidas no rio Içana (afluente do rio Negro), resolveu-se formar uma comunidade itinerante: duas irmãs, um padre salesiano e o motorista. De lancha param aqui e acolá, orientando 794 pessoas da tribo Baniua. Dispostas a enfrentar cada vez mais o desconhecido – também da natureza –, elas não sabem quando voltam, nem podem avisar. Calculam alguns meses. Só isso. Uma força muito superior àquela simplesmente humana impeliu-as para lá. Chamam-se "missionários". Eles, elas, fizeram uma opção de coragem e nunca se arrependeram. Na prelazia do Rio Negro (diocese em formação), a presença missionária se desdobra em trabalhos e esforços distribuídos entre um bispo, 12 sacerdotes salesianos, 14 irmãos e 44 irmãs (Filhas de Maria Auxiliadora), numa área de 286.866 km^2 com 40 mil habitantes em oito aldeias missionárias: Barcelos, Santa Isabel do Rio Negro, São Gabriel da Cachoeira, Taracuá, Pari, Cachoeira, Jauareté e Maturacá.

O bispo da missão, d. Miguel Alagna, italiano, veio para o Brasil em 1933. Sempre se interessou por um assunto: formar as pessoas para a vida presente e futura. Sagrado bispo em 1967, logo foi enviado para a missão do rio Negro, onde constatou a pobreza, a miséria e, tantas vezes, o abandono daquela gente. Tão gente como os demais brasileiros. O bispo percebeu que não bastava cuidar das almas. Era preciso também cuidar dos homens. E começou! Primeiro, tratava-se de melhorar as moradias dos caboclos e dos índios. Como conseguir o material? Segundo, a via de comunicação terrestre entre os pequenos núcleos, à força de braços ou com um trator? Terceiro, a comunicação falada entre os centros da missão. Porque, às vezes, nem a comunicação por um bilhete, que seguisse pela embarcação, era possível.

"Hoje", diz d. Miguel, "muitas coisa já se fez na missão". Mas, ainda, verdadeiros sacrifícios são enfrentados por esses "heróis" da selva. Os missionários viajam rio abaixo com as famosas "voadeiras" (canoas de alumínio movidas por um motor de popa), enfrentando perigos de cachoeiras, corredeiras, para poder visitar as comunidades espalhadas ao longo do rio Negro. Um missionário, quando sai em viagem, é acompanhado somente com orações, sem comunicação alguma com os que ficam. Na sua volta é que todos vão saber dos perigos que passou e do trabalho realizado. Uma missionária testemunhou: "Quando saímos, vamos com um plano de viagem: olha, daqui a dois dias estaremos de volta. Acontece que, no caminho, o motor dá pane, estraga, há um temporal muito forte e não podemos continuar a viagem. Então, ficamos três, quatro dias. E a comunidade que ficou em casa preocupa-se. O que será que aconteceu?". Nesses dias, porém, uma satisfação muito grande dominou o pessoal da missão. Chegaram aparelhos para ser instalados nos maiores centros. Cada residência missionária teria uma daquelas "fonias". O maior desejo de todos ia ser concretizado. Era um progresso e fator de segurança para a organização missionária.

Método acertado: a promoção humana

Às margens do rio Negro existem verdadeiras comunidades cristãs que procuram seguir em tudo os ensinamentos evangélicos, graças às explicações dos missionários. Com a vinda de d. Miguel em 1968, padres e irmãs traçam um programa bem elaborado sobre a formação das comunidades. Uma das coisas mais importantes é evitar o paternalismo e agir com metas bem definidas para um desenvolvimento completo – humano, cultural e religioso, principalmente do indígena. Os missionários devem orientar, conduzir, favorecer, mas nunca dar somente. Uma das missionárias explica: "O método da missão é de promoção humana. O povo do rio Negro não tem uma profissão definida. Temos que desenvolver nele certas aptidões, um preparo profissional adaptado à sua realidade, para que ele possa ter seu meio de vida, independente do paternalismo".

Para desenvolver o método que a prelazia se propôs, nos anos 1969, 1970 e 1971 algumas pessoas da prelazia participam de cursos especiais em Manaus e Belém. Trava-se um contato muito intenso com pessoas entendidas no assunto. Já em 1973, alguns indígenas são convidados a participar das discussões e debates sobre comunidades e a integração vai se realizando. Em algumas comunidades há um verdadeiro espírito de família, em que um ajuda o outro em suas necessidades. O trabalho missionário leva cada pessoa a refletir nas suas dificuldades e também nas dos outros. Uma vez conseguida a união, e tentando aproveitar os valores dos indígenas, os evangelizadores orientam e conduzem o povo a eleger uma diretoria nessa comunidade. É uma eleição democrática: existe o capitão (chefe, representante da ilha em qualquer atividade); o subcapitão, o administrador, o catequista, o animador da comunidade, o recepcionista e outros auxiliares.

Mãos unidas garantindo um futuro

A constatação de que uma Igreja está se desenvolvendo em todos os aspectos, especialmente o "comunitário", ali nas margens do rio Negro, é sentida quase todos os dias nos fatos que se sucedem e respondem à expectativa de uma experiência válida, iniciada há tão pouco tempo.

Para que a comunidade se firmasse sempre mais, instituíram vários meios de sustento. Um deles é a "roça comunitária". Um trabalho feito em equipe. Os membros se reúnem uma ou duas vezes por semana e trabalham numa lavoura de mandioca. O produto da roça é vendido e o dinheiro, investido em benefício comum: construção de escolas, manutenção de viúvos, pobres, crianças que não podem se manter na escola; enfim, para cobrir uma série de iniciativas, inclusive a organização do campo de esporte e outros meios para o lazer.

Heroísmo na busca de um objetivo: o estudo

"É preciso sempre começar pela escola", diz a coordenadora do ensino na prelazia. Dada a necessidade do pessoal ribeirinho do rio Negro, a missão interessou-se primeiro na parte material, como já fazia Cristo quando pregava o Evangelho. Antes de tudo, um bate-papo com o povo simples, humilde, procurando captar suas necessidades físicas, biológicas e também psicológicas. Depois a catequese. Uma conversa de amizade, e o povo começa a mostrar interesse pela instrução e educação dos filhos. Então, pedem a escola. E o desejo de aprender é tanto que levou dois garotos a percorrerem 500 km de Jauareté (a missão mais distante, divisa com a Colômbia) até São Gabriel da Cachoeira para poderem frequentar a 5ª série do 1º grau. Um total de quinze dias sobre as águas para realizar um desejo: estudar.

Na região do rio Negro existem mais de trinta tribos de índios, e os idiomas atingem a casa dos vinte. Os jovens de 20 anos para baixo, quase todos já sabem ler. Quanto aos mais velhos, há a tradução e também padres especializados nas diversas línguas, especialmente tucano. Devido à escola, muitos já conseguiram um bom emprego. Outros ingressaram no Exército. Mais de mil possuem o título de eleitor e fazem questão de votar.

Em todas as comunidades já formadas (mais de duzentas), embora o padre passe de mês em mês, o culto dominical é realizado regularmente. Há uma pessoa encarregada dessa parte: o catequista. É, entre eles, a pessoa mais preparada no Evangelho, na doutrina cristã. Utilizando meios didáticos e esquemas, apenas como pesquisa, o culto é adaptado à realidade local: a leitura do Evangelho é escolhida e comentada, com reflexões, versando sobre os problemas do dia a dia. A missão procura engajar os leigos à pastoral, pondo em prática um dado teológico muito importante: o leigo deve ser participante na Igreja. Por isso, diz d. Miguel, "aqui o ministro da Eucaristia difere do de outros lugares, porque não só distribui a comunhão como também permanece na comunidade e cuida da Eucaristia, que, todo mês, é deixada aí pelo sacerdote".

MISSÕES EM TEFÉ: O DESAFIO PARA LIBERTAR O HOMEM

(TEFÉ – RIO SOLIMÕES-AM – 1980)

*A ação missionária na prelazia de Tefé,
à beira do Solimões, testemunha a vitalidade
das missões "renovadas" que se espalham
por muitas outras extensões ribeirinhas no Amazonas.*

*Desafiando todo tipo de obstáculo,
a Igreja de Tefé se questiona e busca continuamente
a razão e os objetivos de sua existência missionária, através
de assembleias realizadas
anualmente com todos os agentes de pastoral da região.*

*Duas grandes opções definiram, recentemente,
a evangelização libertadora das missões na prelazia, segundo
Puebla. E constituirão o marco para a ação pastoral
dos próximos anos, através das florescentes
e vigorosas Comunidades Eclesiais de Base:
preparar a Igreja nativa e estar ao lado dos pobres –
índios e seringueiros...*

O violento contraste que se evidencia entre a região amazônica e as áreas mais desenvolvidas do Sul do país estarrece qualquer pessoa. Principalmente quem sai de uma metrópole para viver, mesmo por poucos dias, nas comunidades ou aglomerados humanos ao longo dos imponentes rios e seus afluentes. Comunidades perdidas ou até esquecidas para o "resto do mundo" por falta de se constituírem alvo de interesse para muitos... Aliás, não é bem assim. Algumas vezes os caboclos são lembrados. A longo prazo, quando servem para extrair a madeira, passando dias e dias (os do inverno) com a água até a cintura para puxar as toras que devem ser engatadas nos barcos que as conduzirão até o centro – Manaus.

São lembrados quando alguém vem expulsá-los da terra, apresentando uma documentação (legítima?) e com o dedo em riste ordenando aos humildes... Estes não ousam argumentar. Mesmo porque, de nada valeria: eles não têm as palavras dos homens letrados.

Para onde? Como vão? Por quê?

Isto não interessa, e é bom que não se façam muitas perguntas... Pois, uma vez que o ouvido não é atingido, o coração e a consciência permanecem imunes. E tudo fica em paz!

De vez em quando (a cada seis meses), aparece o famoso marreteiro ou regatão. Vai buscar a borracha que o seringueiro extraiu no seringal durante meses consecutivos e que, depois, se vê obrigado a entregar pelo preço que o visitante oferece. Não há alternativa.

O povo, entretanto, possui valores que, há muito, estão esquecidos ou se tenta esquecer, pela inconveniência. As pessoas das comunidades ribeirinhas quase sempre saem perdendo comercial e economicamente pelos "espertos" do comércio. Não há dúvida. Eles não possuem o "traquejo" necessário. É que a fineza de seu coração, bem formado, não permite abdicar de valores como, por exemplo, honestidade, solidariedade e fraternidade.

Ali se vive a vida. A grande riqueza é gente, e não coisas.

Quanto ao sofrimento pela falta de recursos, pelos desafios a serem vencidos, pelas injustiças fabricadas inteligentemente pelos próprios irmãos, somente a floresta, o rio são testemunhas.

O silêncio da mata grita. Ninguém ouve. Então, ela mesma consola o homem que nela mora, e a ela se doa: prodigaliza o sustento, através de frutas, da terra boa que descansa em sua sombra, dos animais e plantas que ela abriga.

O rio, companheiro inseparável do amazonense! Calado, ele leva tudo em seu bojo e também consola o homem, deixando centenas e centenas de canoas desfilarem no seu leito e se encherem com o produto saudável – o peixe que, juntamente com a farinha de mandioca, constitui a alimentação básica dessa gente que luta para sobreviver. Uma sobrevivência, porém, que não relega os índios e os caboclos a serem o refugo do mundo. Eles constituem um povo que leva dentro de si a vida, na sua integridade; povo que marcha pela preservação de seus valores que somente os simples de coração sabem ter em conta e lutar pela sua conservação.

Esse povo é gente que constrói a humanidade! O povo do Amazonas!

Missões: encarnar-se na realidade

Na grande área da Amazônia Legal – 5.057.480 km^2 –, já vai longe a mentalidade ou a interpretação de que a tarefa de evangelizar deva se constituir numa conquista triunfalista ou numa conversão às pressas para o cristianismo. A Igreja, especialmente a partir do Concílio Vaticano II, leva em conta a formação dos missionários não mais segundo moldes clássicos – o padre que empolga multidões e se preocupa demasiadamente com a sacramentalização.

Sem dúvida, em toda a ação missionária do passado ressaltam-se aspectos positivos, cujos saldos a Igreja usufrui ainda hoje. Não se trata de colocar em discussão o mérito e as atividades construtivas da ação missionária do passado, mas sim de reconhecer que a metodologia nem sempre foi a mais feliz, a mais acertada.

Hoje, na região amazônica, nas mais diversas prelazias, os missionários procuram se adaptar às situações, sem imposição de cultura ou de grandes explosões religiosas, como batizados de índios em massa e outras manifestações.

Uma evangelização que obedece a princípios que podem ser executados tanto na Amazônia como em qualquer parte do Brasil ou do mundo. Trata-se de encarnar a mensagem, como se expressa d. Pedro Casaldáliga, baseado nos documentos eclesiais: "O caminho da salvação só poderá ser encontrado se criarmos condições humanas para uma vida digna e honesta". Para ilustrar a nova mentalidade a respeito de missões e no sentido de encarnar-se na situação, pe. Caetano Maiello (diretor nacional das Obras Missionárias) enfatiza que "encarnar a mensagem é, por exemplo, compreender que na Amazônia o pão e o vinho bíblicos tornam-se o peixe e o açaí".

O que há por trás do barquinho do padre

Assim nossa reportagem encontrou os missionários da prelazia de Tefé, no rio Solimões e seus afluentes Jupurá, Jutaí, Juruá e Tefé, a 66 km (distância fluvial) de Manaus: o bispo d. Joaquim de Lange; 13 padres, a maioria estrangeiros e da Congregação do Espírito Santo; quatro irmãos; 24 religiosas, Franciscanas Missionárias de Maria, que se ocupam da parte pastoral, hospitalar e educacional; uma "porção" de agentes leigos que se tornam, paulatinamente, líderes para trabalhar com seus irmãos, no esforço de construir uma verdadeira Igreja nativa.

É o missionário com seu barquinho, ou canoa, que enfrenta dias de viagem pelo único meio de comunicação, o rio, para encontrar duas, cinco dez pessoas que vão frequentar o curso de orientação. Para o missionário, não interessa o público de cem, duzentas pessoas; ele não almeja nem ambiciona tal acontecimento, pois o missionário sabe que a Igreja cresce lentamente, mas firme e profunda, através das pequenas comunidades.

Ali em Tefé (pode-se garantir, em outras prelazias também) nasce e se desenvolve uma Igreja viva. Muitos erros foram cometidos desde o início, e os missionários admitem tal realidade, mas, convictos, aplicam outra metodologia de evangelização. Tanto que permanecer dias com as comunidades ribeirinhas é sentir que realmente se pode viver como os primeiros cristãos.

Em Tefé, não se encontra uma Igreja "badalada ou sensacionalista", mas uma consciência missionária que atinge, cada vez mais, os nativos. Estes, por sua vez, depositam confiança ilimitada nos missionários, naqueles que realmente lhes querem bem e se interessam por seus problemas (seja índio, seja caboclo). É pelo seu ser, como pessoa, e não pelo que ele produz que o missionário se interessa.

Por isso, nas curvas do rio, juntamente com o ronco do motor, chega, também, a canção da esperança. E todos vêm para o barranco saudar, abanar, pedir remédio, aconselhar-se, partilhar a vida e oferecer o que de melhor possuem, mesmo que esse melhor seja apenas um ovo de galinha (produto muito precioso na região).

Devido à grande incomunicação existente no Amazonas, a chegada de alguém no interior é sempre festa.

Principalmente quando são pe. Teodoro e ir. Lúcia (coordenadores de pastoral) que visitam as comunidades cristãs e sabem dizer o nome das pessoas de cada comunidade ribeirinha ao longo de muitos quilômetros do Solimões. É o missionário que passa, o missionário que chega. É tempo de conviver mais intensamente. E Jesus Cristo é cada vez mais o Senhor, porque a próprias comunidades o descobrem aos poucos...

O Pai-Nosso à beira do Jutaí

Quem olha lá de cima, a nove ou dez mil metros de altura, para o imenso tapete verde que se estende lá embaixo, com os rios, igarapés, paranás, "furos" distribuídos ao longo do chão verde, e que se assemelham às nervuras de uma folha, não pode imaginar as riquezas de fauna e flora que a grande Amazônia traz em seu silêncio. Pode, sim, chegar à conclusão de que o homem amazonense é um dos seres mais solitários da terra, tanto pela imensidão das matas como pelo precário sistema rodoviário (praticamente inexistente) que não lhe permite a comunicação. Somente o rio. Este sim! É dele que flui a vida, a sobrevivência sob os mais variados aspectos para o caboclo amazonense.

Quem se perde, porém, em conclusões baseadas na inexperiência, nunca poderia conceber a vida de solidariedade que existe quando as pessoas se encontram na beira do rio ou mesmo dentro da mata. É o espírito comunitário que domina entre as comunidades cristãs, ao longo dos rios. E foi assim que nossa reportagem testemunhou um verdadeiro Pai-Nosso à beira do rio Jutaí: o aniversário de Cristina – uma menina de 4 anos, com *Síndrome de Down* – na comunidade de Porto Antunes.

Não era possível reunir as pessoas no tapiri (cabana) dos pais de Cristina, por causa do espaço. E todos foram para o "barzinho" do minúsculo povoado. Sentados ao redor de uma *pequena* (algumas tábuas sobre um cavalete), em alguns bancos ou caixas improvisadas, o aniversário de Cristina consistiu realmente na partilha do ser pessoa, do estar junto e do celebrar a vida. Cristina recebia a todos com sorriso... Alguns tinham colocado a melhor roupa de que dispunham; nos pés, o chinelo de dedo, ou mesmo descalços.

Um dos pacotinhos de presente (eram apenas três), embrulhado com papel cheio de gravuras coloridas, arrancado de um livro de escola, continha um sabonete. E já era o bastante! Havia alegria. Muita alegria! Cantavam e, de vez em quando, alguém estendia a mão e oferecia Cr$ 1,00 (um Cruzeiro). Depois de muita cantoria e conversa, foram servidas quatro garrafas de guaraná. Só. O copo passava de mão em mão e sempre havia um pouquinho para quem chegasse atrasado. O fato evocava a passagem bíblica da viúva de Sarepta, para a qual o azeite da ânfora nunca acabava. Pois, ali, o guaraná também parecia se multiplicar. Todos eram conhecidos. Não havia convite especial para ninguém. Quem chegasse era bem-vindo.

Não ter coisas para oferecer nada diminuiu naquelas pessoas o sentido de celebrar a vida. E o fato de o sr. José dizer para Cristina que não tinha nem um Cruzeiro para lhe oferecer (enquanto enchia os olhos de lágrimas pela dureza da confissão), mas o que possuía lhe dava – que Deus desse felicidade a Cristina –, evidenciava não somente a situação de pobreza como também o testemunho de vida fraterna e solidária em que vivem as comunidades cristãs na prelazia de Tefé. Fruto, certamente, de missões que incentivam os valores que as pessoas trazem dentro de si.

A prova ainda se repete no testemunho de André, da comunidade de Jaqueri, à beira do Solimões, que, na hora da reflexão, expôs com simplicidade: "Ontem a gente dizia que havia pedras pesadas. Hoje, elas não são pesadas porque há mais luz no nosso caminho: sentimos força".

Pequenas e grandes conquistas em favor do povo

A presença missionária nos 256.733 km² que constituem a prelazia de Tefé data de 1688, sendo fundada a primeira paróquia em 1759. O atual bispo d. Joaquim de Lange, comparado por um dos missionários a um cedro de elevada estatura, que expressa firmeza, segurança, lealdade, qualidade, iniciou desde 1947 muitas atividades importantes e concretas de infraestrutura em favor do povo, criando novas paróquias, a rádio local – importante meio de comunicação às comunidades do interior –, o hospital para Tefé, bem como fundou a comunidade das Irmãs Franciscanas Missionárias de Maria em vários municípios.

Com o Concílio Vaticano II, a prelazia entrou plenamente no espírito de renovação, colocando imediatamente em prática as linhas e diretrizes para a pastoral da Amazônia. Foi assim que, em 1970, a opção ainda indefinida por uma pastoral das Comunidades Eclesiais de Base e a formação de agentes pastorais leigos já era realidade definida em Tefé.

Em 1972, na assembleia anual que se realiza com todos os agentes de pastoral da região, a prelazia tomou consciência de que, apesar do caminho percorrido, muitos entraves se faziam sentir no campo pastoral, como também na situação socioeconômica: o povo vivia num regime de escravidão, em total dependência de seus patrões.

Entre as principais resoluções tomadas na época está a formação de uma equipe coordenadora de atividades. Nascia, então, a Coordenação Pastoral, alma do movimento da Igreja de toda a prelazia, com a especial responsabilidade de assessorar as paróquias na sua tarefa de formar CEBs e agentes pastorais. Ao mesmo tempo, iniciou-se o Boletim bimensal que, progredindo, é hoje um importante meio de integração e questionamento, com a linguagem jornalística e popular de seu redator – pe. Teodoro Von Zoggel.

Coordenação pastoral: alma das atividades missionárias

O primeiro impulso de ação da equipe coordenadora foi partir em viagens para o interior, visitando as comunidades e, principalmente, ouvindo o povo. Sentindo a problemática, os anseios, a coordenação pastoral, formada por pe. Teodoro e ir. Lúcia Saens e alguns leigos, iniciou um trabalho de crescente atualização, buscando e organizando cursos sobre religiosidade popular e outros assuntos que os preparasse suficientemente para se encarnarem na realidade local. À medida que se escutava o povo, nasciam também os questionamentos e, sob a liderança dos missionários acostumados a desafiar os obstáculos, fundou-se em 1975 a Escola de Agentes Pastorais em Tefé. Em cada assembleia anual, realizada na prelazia, sempre em confronto com as diretrizes da Igreja, nasceram, paulatinamente, novos planos de pastoral, tendo como objetivo geral as CEBs. Emergiu, então, a grande variedade de ministérios: pessoas dispostas a prestar "serviço" para o bem das comunidades de toda a Igreja de Tefé.

Ao longo dos anos de existência da Coordenação Pastoral, as atividades realizadas com muita organização e inteligência conseguiram abranger vários aspectos da vida do homem amazonense, mediante a contribuição da pastoral familiar, juvenil, vocacional, indígena, e, em anos mais recentes, uma ação pastoral mais direta sobre os problemas de terra.

A efetivação da pastoral contou sempre com o grande veículo de penetração nas comunidades do interior, o rádio. Através de programas, os missionários continuam dando ao povo a orientação iniciada com as viagens e visitas ao interior. Ainda em destaque, a grande abertura da Coordenação para o trabalho em conjunto com o *Campus* Avançado da Universidade Federal de Juiz de Fora (MG), realizando a integração de meios, sobretudo na área da saúde.

As duas grandes opções: Igreja nativa e os pobres

Conscientes de que a atitude de busca para a verdadeira libertação exige uma vivência de contínua autocrítica, à luz do Evangelho, em nível pessoal, grupal e comunitário, a prelazia de Tefé escolheu o documento de Puebla como tema de reflexão e ponto de partida para a ação pastoral, durante o encontro anual de 1980.

A força total com que os missionários vêm se empenhando para desenvolver uma evangelização libertadora, mediante a aplicação de Puebla na sua realidade atual amazonense, chega a causar surpresa nos cristãos menos avisados, pois a dinâmica e a atualização levam muita vantagem sobre certos tipos de pastoral "estagnados" de alguns grandes centros urbanos.

Atualmente organizada e seguindo uma dinâmica moderna, a Assembleia anual da prelazia, que contou com a participação do bispo d. José da Costa Campos e de leigos de Divinópolis (MG) – Igreja-irmã de Tefé –, rezou e se questionou profundamente sobre sua atuação como Igreja missionária. Sentiu fortemente a responsabilidade de não se enganar nos objetivos, porque os fiéis humildes e simples, como por instinto evangélico, compreendem espontaneamente quando, na Igreja, se serve ao Evangelho, entendem quando este é esvaziado e asfixiado por outros interesses. Por isso, os participantes desceram à raiz dos problemas tanto para o que a Igreja deve mudar quanto para incentivar ou ter como ponto de partida.

Depois de sofridos e também alegres dias de convivência fraterna, sempre dentro da linha de comunhão e participação proposta por Puebla, os participantes firmaram-se no princípio de que: "Nossa missão é evangelizar para libertar. E essa libertação se realiza pelo Espírito Santo com nossos esforços". Desse conceito básico, aplicado à realidade local, nasceram duas grandes opções que marcarão o trabalho pastoral dos próximos anos: preparar a Igreja nativa de Tefé; estar ao lado dos pobres.

A Igreja de Tefé deseja e quer fazer todos os esforços possíveis para dispor de sacerdotes, ministros e lideranças diversificadas, saídos daquela própria Igreja, a fim de responder às necessidades básicas que ela mesma tem. Para tal objetivo, visa intensificar a pastoral familiar, juvenil, vocacional, catequese e formação de sacerdotes e agentes de pastoral leigos. Com a opção de "estar ao lado dos pobres", Tefé entende seguir o exemplo de Jesus, no

Evangelho, acentuado já pelo Vaticano II, por Medellín e Puebla. A população da prelazia, em grande parte, compõe-se de pessoas pobres, humildes, oprimidas e injustiçadas, e é caracterizada especialmente por índios, seringueiros, sem-terra, emigrantes.

Daí a iniciativa de uma pastoral organizada, como a OPAN-CIMI (Operação Anchieta), que se dedica exclusivamente aos índios. É todo um esforço para atender o grito do seringueiro.

Dor e esperança no desafio de evangelizar

Segundo o coordenador de pastoral de Tefé, a prelazia se une no esforço de que as comunidades, no interior e nos bairros das cidades, sejam realmente comunidades de fé, alcançando aos poucos, pela autonomia no anúncio da Palavra, os mais diversos ministérios e serviços.

Longe de considerar ou estabelecer um ponto de chegada para as comunidades, pe. Teodoro ressalta que as comunidades de base não devem constituir-se como coisas acabadas, mas como um processo vivido em diversas formas e etapas; é o processo do povo pobre que une a fé com a vida, a salvação de Jesus Cristo com o processo de libertação das opressões históricas, às quais as pessoas estão duramente submetidas.

E como já é do conhecimento de todos que as grandes coisas que fazem história forjam-se na dor e na esperança, na prelazia de Tefé, como em muitas outras, existe a

COMUNICAR A MEMÓRIA

dor diante da miséria humana, diante dos fracassos missionários, diante do reconhecer que "somos humanos e, portanto, impregnados de critérios humanos".

Ao desafiar as águas, as distâncias, a floresta, o missionário vai aprendendo, "calejando", e tudo se torna normal – não o desafio, mas o modo de enfrentá-lo. A beleza, porém, o conteúdo das ações da história salvívica da Igreja de Tefé impressiona pelo questionamento constante ante os delicados e doloridos problemas que se apresentam. Ela é uma Igreja que se questiona, autocritica-se, escuta o povo, erra, mas busca em Deus os critérios verdadeiros para sua atuação. Trata-se, muitas vezes, de um desafio que, *assumido*, diz pe. Teodoro, gera também esperança. Desse desafio, dessa reflexão, nossa reportagem é testemunha ao compartilhar os problemas que, então, surgiram a respeito da questão de terra e da determinação sobre as mesmas. Desafio de dor pela complexidade dos problemas, mas também de esperança, porque fundamentado em quem mandou profetizar: Jesus Cristo.

SERINGUEIRO: UM GRITO NA SELVA AMAZÔNICA

(ACRE – 1980)

Seringueiro. Uma história de dor e lágrimas,
iniciada na década de 1940, através da migração nordestina,
constituindo o famoso "soldado da borracha".

Como estrangeiro na Amazônia,
o seringueiro vive até hoje (1980) sem rumo certo
e sem esperança, tentando sobreviver à exploração
que o comércio dos rios lhe impõe.
Então, ele grita. Esse clamor é feito através do "Chico" –
um seringueiro que nossa reportagem encontrou
em plena mata, depois de dias de viagem
pelos rios Solimões e Jutaí.

Pouca gente no Brasil sabe que a maioria dos seringueiros existentes hoje na Amazônia (1980) é nordestina; que sua terrível história começou durante a II Guerra Mundial. Depois do *boom* da borracha no final de 1800, esta sofreu uma decadência considerável e caiu no esquecimento, pois não constituía mais uma fonte rentável, economicamente, para o país.

Particularmente a segunda grande guerra do século passado reclamou e exigiu programas especiais para alguns países, como os Estados Unidos, que viam a borracha desaparecer do mercado. Isto para o desespero de muitas nações. Houve muita história ao redor desse fato. Enfim, o Brasil concordou: ativar a Amazônia e iniciar a "Batalha da borracha".

"Infelizmente", diz um autor, "para o programa da borracha no início de 1842, uma severa prolongada seca atingiu os estados nordestinos do Brasil. No Ceará, principalmente, um considerável número de sertanejos se encontrava disponível". Tal operação, realizada em duas etapas – 1942/44 – levou para o Amazonas mais de 150 mil pessoas. Uma verdadeira migração familiar, mediante decretos assinados pelo governo, entre os quais o SEMPTA (Serviço de Mobilização de Trabalhadores). Na verdade, porém, o seringueiro, quando conta esta história, simplifica tudo e explica com poucas palavras: "Somos soldados da borracha. Uns iam pra guerra, e nóis veio pra cá, porque tinha que ajudar a nação. A gente se viu desesperado, por causa da seca; veio tentar a vida noutro lugar".

Tratava-se de uma honra. Alguns seringueiros guardam até hoje, com certa religiosidade, sua carteirinha de "soldado da borracha". Não faltam, também, os que ficaram "pirados" por causa de tal honra. Como aquele seringueiro da beira do Purus, já velho, que veste calça e camisa azul e um quepe – um uniforme completo. Ele afirma que se veste assim porque é soldado da borracha e precisa se distinguir dos seringueiros comuns. No entanto, conclui a professora voluntária Teresa Lamedica, que vive no Acre, "o que ele come é um punhado de farinha com caldo de caridade. Quer dizer, um pouquinho de farinha com uma água fervida e, se tiver, uma cebola. Porque carteira assinada... legislação para o seringueiro... nem se fala".

Até hoje, um estrangeiro no Amazonas

Hoje, o Brasil importa 61 mil toneladas anuais de borracha, gastando 98,2 milhões de dólares. Contudo, já foi o único produtor mundial e o maior exportador de borracha.

Segundo o I Encontro de Seringalistas da Amazônia, realizado em Manaus, em maio de 1980, existe a disposição de ampliar o mercado de exportação e, para isso, monta-se um projeto para a plantação de 50 mil hectares de seringueiras. Dizem que se trata de um bom momento: a borracha dobrou de preço; há mão de obra especializada disponível – seringueiros bem treinados...

Existem, naturalmente, grandes seringalistas e não se nega a organização de suas atividades. Mas o seringueiro da Amazônia, em sua maioria, quem é? Precisamente o nordestino que foi para o Amazonas na década de 1940 – o soldado da borracha. Hoje, seus filhos continuam a história de dor e de lágrimas. Acontece que o seringueiro ficou sempre um estrangeiro no Amazonas. "Empurrado para o seringal, por causa da seca e para servir à pátria, ele não ama o Amazonas, mas o explora, extrai tudo o que lhe dá dinheiro, sem se preocupar com a preservação." Conforme pesquisa realizada por Guilherme Burmanje e Egon Dionísio, nos rios Juruá e Jutaí, o seringueiro não sente laços com o solo. Ele está sempre em busca de um lugar onde haja mais fartura de leite de borracha e de peixe. Troca facilmente de um seringal para outro. Pelas enchentes e vazantes do rio, pelo trabalho condicionado às mudanças que o obrigam a viver de janeiro a junho em terra firme, e de julho a dezembro no centro da mata, o seringueiro não tem casa própria. Em geral é um tapiri – cabana, abrigo contra a chuva, sem mobília. Só a rede. E todos os seus pertences cabem em uma canoa.

O ritmo de trabalho do seringueiro é determinado por ele mesmo. Mas é duro. Com o traje pobre e sujo, a família do seringueiro começa de madrugada a percorrer as "estradas" para chegar ao seringal, subindo em árvores. Andando pela lama e capoeira, abrindo caminho com o "terçado" (facão), carregando o balde para o leite, enfrentando perigos... o seringueiro volta à tarde para defumar o leite, formando a pele da borracha.

Durante os meses de inverno, quando a seringa é fraca, ele parte para o corte da madeira. Nesses cinco meses fica o tempo todo trabalhando dentro da água. Prefere a madeira à agricultura. E, no poço que lhe sobra, carece de estímulo para fazer roça. Daí vem a subnutrição, pois vão-se acabando as culturas de subsistência. E ele passa a comer somente farinha de mandioca com peixe seco.

Educação? Isto não é possível! "Sêmo tudo analfabeto; escola não tem", confessa d. Francisca. Alguns, em condições melhores, abandonam os seringais e tentam se aproximar de centros maiores, para possibilitar que os filhos estudem.

A saúde do seringueiro é precária. Por causa da subnutrição, ele está sujeito a contrair mais enfermidades, principalmente a malária. Médico? Praticamente, não o conhecem. "Remédio aqui nesse rio, é Cibalena e Melhoral, quando trazem. Quando não trazem, é o poder de Deus. Doutor ninguém conhece, não sabe o que é" (depoimento de uma mulher seringueira).

Homem sem rumo. "Cadê" a esperança?

Por ser um homem inteiramente desassistido – a maioria fica seis meses longe da família, distante três a quatro horas de canoa do companheiro mais próximo, quando não um dia ou dois –, a tônica do seringueiro é a solidão, o isolamento.

Infelizmente, o seringueiro, em vista também da situação de homem explorado pelo "marreteiro", ele tornou-se um homem profundamente desiludido. Segundo depoimento de Teresa Lamedica, quando se contata o seringueiro, vê-se um mal aparente: doença, fome, analfabetismo. Depois, percebe-se que estas são consequências do mal, são as que se apresentam de imediato.

Entretanto, continua Teresa, o seringueiro é analfabeto não porque não sabe ler nem escrever; ele é doente não porque a mata seja doentia; não é que o seringueiro não se nutre bem, se alimenta inadequadamente porque não sabe comer, mas porque foi impedido de descobrir uma alimentação adequada, por exemplo, ao clima. Não houve tempo... Ele não teve chance de aprender a aproveitar a mata. Tornou-se simplesmente um escravo; sua mão virou máquina que precisa produzir borracha e nada mais.

"Para mim, quando conheci o seringueiro, eu percebi que mataram o homem. À primeira vista, me pareciam mortos viventes. Depois, com a amizade, com o tempo, descobri que o homem ainda estava vivo, ainda existia. Era só oferecer a chance para ele ressurgir" (Teresa Lamedica).

Para confirmar tal conclusão, basta passar a vista sobre as páginas de *Povos no Jutaí, uma história de morte e esperança* – levantamento feito pela OPAN (Operação Anchieta), na prelazia de Tefé.

Fenômeno de ressurreição. Mas existe ainda o grito

Um dos últimos pedaços da mata que foi conquistado pelos soldados da borracha é o Acre. Ali, a maioria da população é seringueira ou ex-seringueira. No passado, o seringueiro foi "empurrado" para aquelas terras; hoje, o povo está sendo novamente "empurrado". Mudou a forma: são ameaças de expulsão da terra – vendida agora para grupos multinacionais ou para empresários do sul. E quando o seringueiro menos espera, um novo patrão chega lá de surpresa. Antigamente, marcado pelo individualismo, recebia tal fato pacificamente. Hoje, ele luta pela posse da terra. Já se percebe uma classe de trabalhadores que está se unindo e enfrenta, inclusive, os desafios de serem chamados de "cachorros... Você não é gente...". E já se uniram tanto a ponto de formar uma cooperativa para comprar a mercadoria.

Para alguns pesquisadores, no aspecto social, o chamado "fenômeno da ressurreição" dos seringueiros "mortos" daquela região deve-se à existência das Comunidades Eclesiais de Base, ocasião que as pessoas têm para se encontrar, discutir e refletir também em termos de igualdade e de direitos. Tal não acontece, porém, em outras regiões. Muitos ainda não sentiram o problema da terra, mas, perdidos nos altos rios como Alto Solimões, Jutaí, Juruá, Biá e no próprio Purus (Acre), levam uma vida sub-humana. Trata-se de uma luta não para viver, mas para sobreviver. E "a luta pela sobrevivência é do bicho e não de pessoas", afirma a voluntária do Acre.

O seringueiro não está acostumado a ser livre

O nó na garganta dos seringueiros, entretanto, está na fonte de exploração: o sistema de comércio existente nos rios, na compra e venda da borracha.

Nos tempos clássicos do extrativismo, existia o "barracão", criado pelo seringalista. Era a alma do negócio. Uma verdadeira escravidão da dívida, porque o seringueiro trabalhava e sempre ficava devendo no barracão do seringalista, de onde retirava os gêneros alimentícios para seu sustento. Uma vez que o seringalista se abastecia nas Casas Aviadoras de Manaus e Belém, revendia para os seringueiros a preços absurdos. Hoje existe a COBAL (Companhia Brasileira de Alimentos) para acabar com as Casas Aviadoras. Infelizmente, o círculo vicioso continua, pois o patrão dos seringueiros se abastece nos postos da COBAL, comprando mercadorias a preços abaixo do mercado local e revendendo-as para os seringueiros ao longo dos rios com margens de 200 a 500% de lucro. Tudo como nos velhos tempos.

Ocorre que o seringueiro não foi acostumado a ser autônomo, a ser livre. Ele rejeita, mas precisa do patrão. Não sabe e não pode viver sem ele. Dessa forma, o patrão é, para ele, aquela pessoa que vem explorar, mas também que encosta no barranco do rio e do qual o seringueiro

COMUNICAR A MEMÓRIA

depende na saúde, na alimentação. São os famosos "marreiteiros" ou regatões.

A dependência consiste numa troca – não adianta o seringueiro ter ouvido pelo rádio a pilha que a borracha está custando X, uma vez que o patrão compra a borracha pelo preço que ele mesmo estabelece e, em troca, vende a mercadoria: remédios, farinha, açúcar, roupa... Então, o seringueiro nunca recebe o dinheiro na mão; está sempre devendo. Raramente adquire um saldo; e, se acontecer, fica para descontar na outra mercadoria. Por isso, o seringueiro nunca se liberta da escravidão. Ele não tem vez nem voz para melhorar a situação econômica. Assim vai a realidade do seringueiro. Tão dura que se alguém não fosse partícipe dessa situação, pelo menos por algum tempo, jamais poderia acreditar. Entretanto, muitos homens de fé ajudam esse povo a descobrir a esperança que reside em Jesus Cristo, o único libertador. São os missionários que param nos barrancos dos rios para ouvir o grito do seringueiro dentro da selva.

E a nossa reportagem chega ao coração da selva, na boca do Jutaí, em busca do grito do seringueiro. Ali, numa ressaca, em Copatana, estava Francisco Neldo Rosário, com sua família, a nossa espera. O recado chegara pela rádio de Tefé, o meio de comunicação que mais penetra nas selvas.

Alto. Magro. Cabelos brancos, barba um pouco crescida. Olhos fundos, quase sem brilho pelo cansaço. Pernas cambaleando. Chico tem 54 anos. Nos pés, um chinelo de borracha, fabricado por ele mesmo. Na boca, um toco de cigarro. No semblante, a expressão da desilusão. Ele fica contente com a visita e nos convida para entrar no tapiri. Por escada, um tronco de árvore dependurado. Com um pé aqui, outro lá, já estávamos lá em cima.

Na conversa sempre entrecortada com silêncio, Chico conclui apenas com repetidos é!... é!... Observando Chico, com sua roupa pobre e suja, as mãos calejadas, as pernas que mal o seguram em pé, a impressão é a de estar assistindo à derrubada, ao tombar lento de uma árvore muito grande, já gasta pelo tempo, pelas intempéries contínuas da mata; o tronco apodreceu pela raiz e ela não resiste mais em pé. Vai cair. E o seu tombo é lento. Mas dói. Assim é Chico. Com as pernas inchadas e doentes, precisa sentar-se a cada pouco. Não aguenta mais andar muito. E não tem os papéis nem condições de providenciá-los para conseguir aposentadoria por invalidez.

Perguntamos: o que precisa para um seringueiro arrumar a aposentadoria? "Proteção", diz o Chico em tom decidido. "Sem proteção não arruma. Quando eu tiver com 65 anos, eu sei que não presto nem pra receber o dinheiro. Eu tenho 54... ainda falta muito. Mas preciso abandonar logo esse negócio da seringa, as minhas pernas não ajudam mais. Quando eu ando, elas doem e adormece tudo. Eu tenho que sentar para criar resistência outra vez e poder prosseguir a viagem. É que eu só cortava seringa trepado na escada. Mas também eu ainda não vi seringueiro forte nem gordo. Só se não trabalha. Trabalhei 36 anos para o Brasil aqui na seringa. E agora o que o Brasil me dá? Por que não me dá a aposentadoria agora que estou doente? A gente trabalha tanto e nada vê".

Francisco é nordestino – soldado da borracha. Foi para a Amazônia com 18 anos, em 1944. "O boato que corria é que aqui no Amazonas se juntava dinheiro com o rodo. Aí o pessoal endoidaram. E eu vim com vontade de ganhar dinheiro. Mas inté hoje não arrumei foi nada. Nem arrumo. Eu encontrei foi nada. Só doença e pobreza."

Quando o almoço é café e janta...

Depois de uma longa conversa, sempre com o acento de uma amargura muito grande, Chico conta que levanta às 3h da madrugada; com a mulher, d. Lolita, e os filhos toma café e parte para o seringal. Ele para um lado e a esposa para outro, com os meninos. Ainda é escuro. Levam a lamparina a querosene e esperam clarear o dia lá na seringueira. Enfrentando muitos perigos como cobra e outros animais que os fazem subir, quase sem fôlego, nas árvores, às 6h Chico começa a percorrer as "estradas" que ele mesmo abriu, e a colocar as tigelinhas nas seringueiras. Quando acaba, já são 10h. Daí se inicia o percurso da volta, recolhendo o leite, porque o caminho é feito em círculos, de modo que, ao chegar à última seringueira, ele está perto da primeira.

Só vai chegar em casa às 2h da tarde. D. Lolita começa o preparo do almoço (farinha e peixe; só que este ainda deve ser pescado); enquanto isso, Chico e os filhos procuram cavacos no mato, preparam a fornalha e começam a defumar o leite. Para juntar à bola de borracha. O almoço só sai lá pelas 4h – e já é janta também. Nunca poderíamos imaginar o que aconteceu nessa tarde em que passamos no tapiri de Francisco: chegamos ao meio-dia, almoçados. Chico conversou, percorreu parte do seringal, fazendo todas as demonstrações do corte da seringueira. Ao regressar (eram 5h da tarde), com muita simplicidade, o dono do tapiri sentou-se e, numa latinha de goiabada (sem geleia, naturalmente), comia à vontade, farinha e peixe. À pergunta se estava com fome, respondeu: "É o meu almoço, e janta também". Ficamos perplexos, pois Francisco, acostumado à vida dura, tinha tomado apenas o café, às 4h da manhã, e "nos serviu" com muita boa vontade, sem reclamar nada da fome. É o costume. Que veio à força!

Uma das coisas que irrita o Chico é mensagem que a Rádio Nacional transmite várias vezes por dia, sobre as matas amazônicas: "Seringueiro, seringueiro, meu irmão. O Brasil está esperando pela sua decisão!". "Eu fico triste", diz Chico, "dá vontade de chorar. Agora, o que eu imagino quando vejo esse homem falar isso é que deve ser pra aqueles rios por aí... mas aqui não!". Francisco é homem forte que suporta tudo. Bastante calado. Mas, quando se fala em patrão, sua voz se altera: "A gente já tem uma vida arriscada. Vai pro outro seringal, fica lá seis meses. Leva a família... alaga tudo... tem prejuízo nessas viagens. É tanta exploração do patrão que aqui, primeiro, um pai de família dava conta de uma casa. Agora, trabalha homem,

COMUNICAR A MEMÓRIA

trabalha mulher, trabalha filho e num dá pra nada". E continua dizendo que "a borracha tá dando pouco dinheiro. Ela não chega a alcançar a mercadoria que a gente precisa. Porque o Pedrão é que põe o preço na borracha e na mercadoria. O rádio tá dizendo que o preço é tanto. Mas não adianta reclamar. Se nós vende a borracha, por exemplo, por 65 cruzeiros o quilo, ele vende um pacote de bolacha por 50 cruzeiros. Na borracha verde, o patrão tira uma taxa desconforme de 20% em cada 100 kg. Borracha murcha é 15 e seca é 10%. Então, o pobre não pode sair...".

Perguntado se ele não fala para o patrão que o preço é outro, Chico responde que "não adianta discutir um pobre com um rico. Se reclama, ele rouba na mercadoria". Francisco esboça um sorriso misturado com uma risada de descrédito, quando lhe perguntamos se ele se julga um homem derrotado. "Eu não sei nem responder... Uma árvore derrubada pelo machado... e fica lá, não tem mais vida... Eu tô quase assim mesmo". Mas, apesar de o trabalho no seringal ser uma atividade "amaldiçoada", como diz Francisco, porque "a exploração aborrece a gente", Francisco tem fé. Sofre com a injustiça e seu coração não concebe a desonestidade. Se lhe derem a mão, sem dúvida Chico vai ressuscitar; se alguém se importar com o seringueiro, talvez não morra o pouco de esperança que ele ainda tem.

Depois de longa conversa, como um desabafo, sobre as necessidades de sua família e a vida tão dura, mas não a ponto de endurecer seu coração, Chico, ao despedir-se, ofereceu dois ovos de galinha em uma cabacinha com um pouco de farinha para a viagem... Ficamos até atrapalhados, porque "ovos" para eles constituem uma grande riqueza, raridade, já que não têm o costume de criar galinhas. É que o Chico estava agradecido por uma visita que, dizia ele, iria contar (publicar) a vida do seringueiro. Um pouco, mas repartido!

MARAJÓ: "MILAGRE DA UNIDADE À BEIRA DA MATA"

(ILHA DO MARAJÓ – 1981)

*Uma pequena semente de respeito e valorização dos leigos,
lançada nas terras da Ilha do Marajó há quinze anos,
dá hoje o fruto transformado numa Igreja-comunidade,
onde se vive a aventura da unidade.
Lá vivem caboclos marajoaras que descobriram,
através da reflexão do Evangelho, a potencialidade
que existe na execução de um trabalho em comum.
Por isso, a história da formação de 16 campos comunitários e
duas grandes cooperativas,
compostas e dirigidas por caboclos.*

Com apenas quatro carros na cidade, um ônibus "aguentando" com dificuldade os poucos quilômetros que percorre um caminhão velho, doado pela Suíça à prelazia, a pacata cidadezinha de Ponta de Pedras, na Ilha do Marajó, tem sua população movimentando-se daqui para ali de bicicleta. Às vezes, 20, 30 quilômetros percorridos assim à procura de mantimento e dos companheiros na reunião de comunidade. No mais, é a pequena canoa que cruza veloz os rios. Os braços ágeis do caboclo movimentam o remo com tanta agilidade quanto um jogador de futebol persegue a bola, em campo, para alcançar a vitória.

Os de condições melhores dispõem já de um pequeno barco a motor e, então, poupa-se o esforço braçal para render mais no manejo da enxada, na lavoura. E, ao cruzar as águas, um imenso tapete verde se descortina nas beiradas do rio: o famoso açaí (pão cotidiano do caboclo marajoara). Aqui e acolá uma pequena casinha, com a garagem própria para o automóvel (a canoa) estacionar em frente da casa.

O único "contato com o mundo" faz-se através da embarcação que chega duas vezes por semana de Belém (PA). A cidade inteira desemboca no trapiche – armazém de mercadorias com um corredor comprido, que constitui a extensão da beira do rio até o lugar que o barco pode ancorar. Ali acontece a festa: é a comunicação que se realiza; a troca de mercadorias, o acerto dos negócios.

A paisagem se constitui de gente carregada de sacolas que chega ou parte; homens trazendo sacos de farinha ou de açaí; crianças enganchadas na cintura da mãe para não cair na água. Os mais fortes estendendo a mão aos fracos e tímidos para não errar o pulo, quando entram no barco. Mãos abanando um *adeus* ou dando vivas pela chegada vitoriosa. Sim, vitoriosa, porque entre Marajó e Belém existe a travessia da baía de Marajó. Ali as ondas são altas. O barco dança ao léu, pois o ronco do motor diminui e dá sinal de menos energia... tudo ameaça parar. Mesmo para quem está acostumado, a travessia é sempre nova e a tensão cresce nos passageiros. O silêncio domina. Muitos rezam. No semblante de todos, a seriedade, mas também a solidariedade dos mais fortes em apoiar os não acostumados com o balanço das ondas.

Nessas condições vivem e viajam nossos irmãos da ilha do Marajó. E nesse local estão os mais favorecidos. A imaginação, porém, pode ir além sobre o que acontece nos núcleos mais distantes, rios mais perigosos. Não há alternativa. É preciso enfrentar. O caboclo marajoara não sabe o que é ter vida diferente, pois nunca foi alvo de interesse para o estado do Pará (do qual a ilha depende politicamente). A não ser, como explica o próprio caboclo do local, na época das eleições.

À beira da mata, uma história diferente

Quando a nossa reportagem penetrou na mata, desceu e subiu rios nas canoas a remo ou barco a motor, encontrou caboclos sorrindo, satisfeitos e acreditados;

sentou-se no roçado, à beira da mata, a perguntar e a escutar a razão de 10, 15 homens trabalhando numa só lavoura, formando núcleos espalhados em diversas áreas. Como isso era possível? O que estava acontecendo? Onde estava a explicação de uma vida nova, de união, acontecendo dentro da mata?

E os caboclos contaram uma história que parece um sonho, se analisada no contexto social, hoje. É o "milagre da unidade" que pode se realizar em muitas outras partes do país, se houver paciência, honestidade, fé em Deus e no irmão, e perseverança no trabalho.

Empolgada pela história diferente de todas as demais, neste Brasil, nossa reportagem andou mais e foi ouvir outros caboclos; participou de cultos dominicais, viveu em comunidades "da terra e do rio". E todos contavam e vibravam com a mesma história, da qual eles eram testemunhas. Não só. Eles estavam sendo as principais personagens, num palco escondido na mata, mas com fruto e crédito para o mundo, testemunhando que a bondade e a solidariedade nunca acabam, quando se tem um coração simples e "desocupado" – como afirmou o caboclo marajoara, explicando o sentido de "bem-aventurados os pobres de coração". Esta história, resumida, nossa reportagem conta agora.

Campos comunitários:
a fraternidade entre os caboclos

Quem se "importa com o Marajó?". Ou, melhor, quem acredita no caboclo marajoara?

"Honestamente" – responde o caboclo, enquanto ergue o chapéu de palha em sinal de respeito –, "é a Igreja".

E os caboclos acreditaram que a união faz a força quando, há 15 anos, d. Angelo Rivato – bispo de Ponta de Pedras, na Ilha do Marajó –, juntamente com a equipe de voluntários, iniciou um trabalho de valorização dos leigos, através das Comunidades Eclesiais de Base (CEBs). Viajando pelos rios, pois não havia estradas na época, procuraram encarar a realidade como então se apresentava. "Nunca anunciamos o Evangelho sem analisar também a problemática do caboclo: o isolamento, a falta de trabalho, de terra, e toda sorte de positivos e negativos que havia em cada área", afirma Nella Ramella, uma das voluntárias mais dinâmicas, que foi para a região como enfermeira. Hoje, ela ajuda os caboclos a administrar a cooperativa.

Formando núcleos de 30, 40 famílias, que se locomoviam sempre pelo rio, os marajoaras realizavam o "culto dominical" embaixo de uma árvore ou de um açaizal... Depois dos primeiros contatos, organizaram *Semanas Catequéticas*, desenvolvidas com uma metodologia "terra a terra", no sentido de partir da vivência concreta do povo.

Durante o dia, uma pequena mesa servia para o bispo dar aulas e tomar as refeições; à noite, era cama para dormir. E os caboclos começaram a sentir que podiam chegar na casa do companheiro, porque eram bem recebidos; bastava levar a rede, e ficavam lá a semana toda. Passaram a manusear a Palavra de Deus, a perceber que também tinham algo para pôr em comum. Daí o surgimento de pequenas escolas-capelas (no domingo, o culto; na semana, a escola); clube de mães e outras atividades. Assim, lentamente, sem um plano ou projeto estabelecido sobre as comunidades, estas começaram a emergir no seu potencial e a serem chamadas de Fortaleza, Tijuquara, Mangabeira, Jaguarajó etc., conforme o nome do rio em que ficavam localizadas.

E os caboclos marajoaras sentiram-se amados. Realmente, a Igreja foi ao seu encontro nas mais diversas curvas dos rios e nos mais intrincados atalhos dentro da mata. Eles viram confirmadas as palavras da Bíblia, em Oseias 14,4: "... é em ti que o órfão encontra misericórdia".

Na construção de uma estrada, o "milagre da unidade"

O "milagre da unidade", conforme define d. Angelo, e que constitui o marco da força psicológica e da descoberta que os marajoaras fizeram ao compreender que, trabalhando unidos, eles têm capacidade de vencer na vida, foi a construção da estrada *Irmãos Unidos*, em 1966. Sentindo o isolamento, perdidos na mata, sem recursos para o transporte e a comunicação, as comunidades de Jaguarajó e Mangabeira decidiram, elas próprias, empregar suas forças para abrir uma estrada que cortasse a floresta e lhes proporcionasse união, pois sabiam da existência de outras famílias totalmente incomunicáveis.

Iniciando nos dois extremos, 33 homens trabalharam em duas equipes, abrindo a mata, dispondo somente de machado, facão, enxada e um pouco de charque para comer. Simplesmente com a animação e a visita constante do bispo para levar alimento, e sem ganhar um tostão, os caboclos, pais de família, praticavam, pela primeira vez, a aventura da união, mesmo vencendo os obstáculos de políticos fanáticos que se encarregavam de espalhar a já tão conhecida pregação: trabalhar unidos é comunismo. Até cruzes colocaram na mata, sinal de que os donos da terra não permitiam a passagem e, portanto, haveria morte. Os caboclos, armados de coragem, sabendo que estavam realizando algo para o bem comum, venceram mais esse obstáculo.

No final de 94 dias de intenso trabalho, as duas comunidades se encontraram no meio da mata. Já não eram só 33 homens trabalhando, pois, mesmo as famílias que de início se posicionaram contrárias, juntaram-se depois para concluir a obra. Foi a grande festa do encontro, da soma de esforços, mas, sobretudo, do "milagre da unidade", como explicou o bispo de Ponta de Pedras.

A notícia correu veloz e, embora com a carência de meios, outras comunidades, animando-se, seguiram o exemplo. Com as estradas, surgiram as escolas, e uma Igreja viva pôde vir à tona. Pois, como afirma d. Angelo, "o Espírito Santo já estava nestes caboclos, mesmo antes de nós chegarmos aqui".

"Nosso primeiro campo comunitário foi o Evangelho"

Seguindo o ditado que diz que "tudo nasce de baixo para cima", à medida que crescia a Palavra de Deus no coração dos caboclos, explica d. Angelo, ela não podia ficar desligada da vida histórica daquele povo; era preciso encarnar-se, fazendo-se alimento, verdadeira comida das pessoas. Quem testemunha a encarnação, o *crescimento* e a *explosão* dessa Palavra, é o presidente de uma das cooperativas – o caboclo João Pereira: "Em primeiro lugar, foi a evangelização; organizamos as comunidades e a formação de três pessoas para se responsabilizar por elas. Eu fui convidado assim. Começamos a caminhar juntos com o nosso bispo, no interior, para fazer a reflexão do Evangelho, começamos com o roteiro para o culto dominical. Este foi o início. Aí partimos para o trabalho comunitário assim: ajudando as outras comunidades que não tinham estrada para se comunicar. A gente pensava junto como é que podia chegar com bicicleta até lá. A nossa comunidade de Mangabeira era o centro. De lá, a gente saía para os rios... pela praia, quando secava, ou então por umas veredinhas muito ruins, dentro da mata. Depois da construção da estrada *Irmãos Unidos*, de lá pra cá aprendemos a trabalhar juntos".

E os caboclos, sentados em cima dos troncos de árvores cortadas e contemplando satisfeitos o roçado, vibram quando lembram que, havia doze anos, "pegaram" coragem para não somente fazer a estrada juntos como também para trabalhar unidos na lavoura. Entretanto, ninguém possuía terra, nem recursos... Como fazer?

O ponto de apoio era sempre a reflexão da Palavra de Deus; depois eles continuavam pensando e discutindo a vida. Assim, quatro dentre eles animaram-se para alugar quatro hectares de terra. Foi a primeira experiência comunitária. O sucesso desse trabalho entusiasmou outras comunidades, que também alugaram terra por dez anos, a fim de fazer roça em comum. E os resultados surgiam. A ideia ganhava sempre novos adeptos, e cresciam lentamente a consciência e a força para um trabalho comunitário.

As reflexões sobre as atividades assumidas com base na linha evangélica incentivavam-nos para uma maior organização e também para melhoria econômica. Já não se satisfaziam com a terra alugada, porque, depois de prepará-la – mediante uma fatigosa mão de obra (desde a derrubada da mata) –, tinham de devolvê-la ao dono. A terra "própria" começava a se tornar fator importante não só pela obtenção de um trabalho executado com mais carinho, entusiasmo e alegria, como também pela criatividade na descoberta e aplicação dos produtos mais adequados nas várias áreas do plantio.

Percebendo a necessidade e o desejo dos caboclos em cultivar a roça, a prelazia – sem terra e sem dinheiro – partiu em busca de recursos, tanto no Brasil como no exterior, e comprou grandes extensões de terra, favorecendo a atividade agrícola marajoara. Quando já se apresentava certa organização, as terras foram doadas às comunidades. Hoje, encontram-se constituídos 16 campos comunitários, que reúnem de 10 a 16 pessoas trabalhando conjuntamente em diversos pontos da ilha.

Impregnados de um forte espírito cristão e sentindo-se valorizados na Igreja, os caboclos das comunidades mantêm-se fiéis à Palavra de Deus como alimento de sua fé; acreditam no trabalho feito em conjunto e respondem com simplicidade à questão levantada de como é possível levar à frente uma atividade daquelas, baseada na união: "É porque o primeiro campo comunitário é o Evangelho. Cada quinta-feira, nós nos juntamos, rezamos, refletimos e discutimos; depois rezamos o Pai-Nosso; a gente se perdoa e começa vida nova".

Igreja-comunidade:
base da libertação de um povo

Há muito tempo, a Igreja da diocese de Ponta de Pedras optou por uma evangelização de Igreja-povo-de-Deus, que realiza a libertação. É uma Igreja-comunidade. Trata-se da descoberta do homem, da valorização de si mesmo, explica o prof. Francisco Chagas, coordenador da pastoral da diocese. Pelo trabalho implantado, sem projetos, mas acreditando firmemente que as CEBs constituem um processo e não tem um ponto de chegada, o bispo de Ponta de Pedras – juntamente com a equipe de evangelização – foi vivendo as experiências profundas de Deus, que se revela nos simples.

Como afirma Frei Betto, em palestra proferida em São Paulo: "O que as CEBs mostram é que a gente só pode ajudar, só pode ensinar, à medida que se está disposto a aprender. Todo mundo pode ajudar o outro a aprender. E a primeira atitude é a de escuta, de fazer com que a própria comunidade consiga descobrir seus caminhos, seus métodos, sua pedagogia".

A ilustração viva, encarnada de tal afirmação, verifica-se na Ilha do Marajó, depois de um trabalho sofrido, iniciado há quinze anos. Ali se reúnem pessoas que têm fé. Esta, porém, se expressa fazendo o homem passar da escravidão para a libertação também no sentido histórico da vida, como afirma o líder da comunidade de Jaguarajó a nossa reportagem, o qual participou do culto dominical: "Para quem compreende, nós agora, trabalhando em terra própria e unidos, passamos da escravidão para a liberdade".

Num processo desenvolvido, muitas vezes, com paciência histórica de respeito às pessoas, está o exemplo de perseverança e desprendimento de d. Angelo. Realidade essa que penetrou profundamente no coração do caboclo, que chega a testemunhar: "Eu conheço ele. Este sim é capaz de dar a vida por um menor".

Nessa experiência vivida com os caboclos, levando adiante o propósito de capacitá-los nos seus direitos – não só com uma luz social-humana, como também com uma luz religiosa –, isto é, de que o homem tem direito de ser homem, como filho de Deus, e não somente porque é membro de uma sociedade... enfim, para que essa "imagem de Deus" fosse respeitada, o bispo sofreu as calúnias de comunista, "aproveitador do povo", e passou, inclusive, por interrogatórios de autoridades que temiam a força das CEBs.

Não houve manchete nem sensacionalismo. "Isto nada tem de importância", afirma d. Angelo. "O fato serviu também para provar que o povo tem capacidade de realizar tantas e tantas coisas. Só que, para acreditar no povo, precisa ter grande fé, grande humildade e capacidade de se colocar como Nossa Senhora, que nunca se preocupou em aparecer."

Cooperativas:
a semente que cresceu e se multiplicou

O panorama que se encontra no Marajó, hoje, em termos de valorização do homem, evidencia-se não somente no treinamento, na vivência do espírito cristão, como também na capacitação e no entrosamento em discussões que dizem respeito ao caboclo, em termos de organização mais ampla, também econômica. Trata-se de assegurar um futuro sempre melhor, dentro da normalidade e do direito que o homem tem com respeito à vida.

Satisfeitos e mostrando-se profundamente corresponsáveis pelos compromissos que assumem, os caboclos

COMUNICAR A MEMÓRIA

continuaram os trabalhos de base até a verificação de que os grupos já possuíam uma estrutura material para a construção de uma "sociedade" que coordenasse e absorvesse as atividades e seus frutos. Criaram-se, então, duas cooperativas: a *Cooperativa Mista Agropecuária Irmãos Unidos de Ponte de Pedras (COOPIUPE)* e a *Cooperativa Mista de Formação de Recursos Humanos e Turísticos João XXIII Ltda. (COOMIFRHUTU)*.

Segundo afirmação da voluntária Nella Ramella, tesoureira da COOPIUPE e orientadora dos caboclos, era preciso um amparo legal para os campos comunitários. Estes, uma vez que não estavam reconhecidos juridicamente, não podiam participar de todos os trâmites da burocracia bancária. De maneira que a COOPIUPE já existia, mas sua fundação se efetuou *legalmente* apenas em 1977.

Por toda a realidade descrita anteriormente, e baseando-nos em observações recentes feitas por Roque Lauschner, especialista em cooperativismo, a COOPIUPE é, realmente, o resultado de um trabalho de mais de dez anos junto a agricultores de baixa renda que se dedicavam à extração do açaí, à pesca para subsistência, e que vendiam os seus produtos através dos donos da terra.

Depois de um ano de intenso trabalho de evangelização, as comunidades se transformaram no futuro suporte da cooperativa, por iniciativa do bispo d. Angelo Rivato, de voluntários e de pessoas ligadas à prelazia.

Descobriram desde cedo que evangelização desligada da promoção integral das famílias – mesmo socioeconômica – significaria uma espécie de traição ao Evangelho. Hoje, nos campos comunitários, além dos coordenadores, existem técnicos agrícolas preparados especialmente pela EMATER (Empresa de Assistência Técnica e Extensão Rural); uma equipe central que coordena os clubes de mães, grupos de jovens; outra, os jardins de infância, palestras de higiene às mães e às jovens; outra, ensina corte e costura, preparando as pessoas para atuar dentro das próprias comunidades. O trabalho das comunidades é realizado em comum. Cultivam-se milho, arroz, mandioca, feijão, maracujá, coco; há criação de búfalos, barcos de pesca.

A alegria de alguns caboclos faz-se incontida quando explicam que "a gente está se entrosando; nessas reuniões semanais com a Nella, a gente vê o que falta fazer; dividimos os trabalhos. Temos sete máquinas entre grade, tobata e trator. Aqui, na reunião, nós combinamos aonde é que as máquinas vão naqueles dias. Aqui, acolá... Já saímos daqui com o plano de trabalho para a semana. Temos mais de trezentos associados na cooperativa, mas nós só conseguimos essa coisa porque nos juntamos e fundamos a cooperativa. Nós aqui com a Nella e d. Angelo, nós não estamos mais escravos de ninguém".

Para discutirem os problemas e serem informados sobre as questões de trabalho que os líderes trazem da reunião feita na cidade, os caboclos se reúnem e, segundo depoimento de um deles, "há leitura do Evangelho, briga e perdão mútuo".

Respondendo às expectativas dos associados, a COOPIUPE tem crescido nos investimentos. Os caboclos adquiriram consciência dos compromissos assumidos e discutem sobre sua responsabilidade nos empréstimos bancários.

Conforme, ainda, observação de Roque Lauschner, a estrutura administrativa da cooperativa ainda é pouco complexa, com pessoas exercendo mais de uma função. Há possibilidade, porém, de um grande crescimento e normal desenvolvimento da mesma. Por isso, o próprio especialista oferece assistência à COOPIUPE no sentido de organização, proposta para melhor estruturação.

"Trata-se de um voto de confiança no caboclo", explica Nella. "Ele mostrou que tem responsabilidade. Foram coisas que nasceram do nada. Crescemos juntos. Agora, sem dúvida, precisamos também crescer na estruturação, tendo a presença de um administrador etc."

Trabalho organizado para 120 famílias

Segundo José Pires – atual presidente da Cooperativa Mista de Formação de Recursos Humanos e Turísticos João XXIII Ltda. (COOMIFRHUTU), esse empreendimento tem significativa importância para a cidade no sentido de oferecer emprego para 96 sócios, perfazendo um total de 120 famílias beneficiadas, se forem consideradas as diretamente favorecidas.

Após pequenas iniciativas, mas sempre dentro do objetivo de aumentar o emprego na cidade, foram adquiridas pequenas indústrias de móveis, de construção de embarcações, olaria e centro de artesanato marajoara. Trata-se de uma cooperativa de produção industrial, onde trabalhadores mantêm a gestão do resultado da atividade econômica. Os trabalhadores são autônomos e realizam "retiradas" mensais, que são as antecipações da renda anual que conseguem produzir, depois de cobertos os custos operacionais e a remuneração fixa do capital.

Na cooperativa, que nasceu também de reuniões e reflexão do Evangelho, embaixo de uma mangueira na pequena cidade, o esforço é para que cada sócio sinta-se realmente dono da "empresa" (juridicamente, a COOMIFRHUTU foi fundada em 1978).

D. Angelo, embora não seja possuidor de nada, porque a prelazia movimentou os projetos e doou tudo aos caboclos, continua incentivando-os à união e ao trabalho. Entretanto, diante de um sistema de "imprevisibilidade" sobre a situação econômica do país, o bispo insiste na corresponsabilidade dos leigos para enfrentar a problemática diária. Para isso, busca assessoria de especialistas em cooperativas que ofereçam propostas e pistas que garantam a consistência da cooperativa. "A primeira coisa é a unidade deles, uma vez que já se reconhecem valorizados como filhos de Deus. A segunda é dar assessoria para evitar um colapso econômico, humanamente falando."

Hoje, o marajoara, pelo menos em Ponta de Pedras, é um homem que vibra e sente-se compreendido na busca da realização dos valores próprios do homem, especialmente, os da valorização e da união, nascidos da reflexão do Evangelho.

MISSÕES: DEUS FAZ HISTÓRIA COM SEU POVO

(MACAPÁ-AP – 1981)

Outubro. Mês das Missões.

*Embora a dimensão missionária
tenha evoluído no seu conceito de aplicação prática,
as atividades missionárias acentuam-se,
ainda em algumas regiões,
marcadas pela carência da evangelização.
Entre elas está o território do Amapá,
no Norte do Brasil.*

Ali, também, Deus faz história com seu povo
por meio de gente corajosa –
os missionários do Pontifício Instituto Missionário (PIME).
Sua caminhada, obstáculos, buscas, sofrimentos e alegrias
foram objetos de atenção nesta reportagem.

Para descer da Canoa e percorrer o minhocão (não o de São Paulo, naturalmente!), um riso espontâneo aflora nos lábios dos habitantes do barranco do Arraial, no território do Amapá, onde eles costumam dizer que o "Brasil faz a curva". Pelo menos neste aspecto eles podem se sentir "superiores": sabem andar com agilidade sobre o corredor de tábuas mal colocadas e escorregadias que serve de ponte entre a canoa e as pequenas moradias.

Com a minúscula tripulação, chega d. Maria Raimunda. Fora à cidade receber a aposentadoria; de volta, traz um pouco de açúcar, algumas gramas de café. "O suficiente até o fim do mês. Também porque o dinheiro acabou", confessa, esboçando um sorriso aborrecido.

É que a grande maioria do povo amapaense (180 mil habitantes no território) constitui-se de lavradores e pescadores. Sem ver o próprio trabalho valorizado, vivem à margem dos bens econômicos, sociais e políticos. A vida no mato é dura demais, dizem eles. Por isso, o êxodo para a periferia da cidade. Depois de algum tempo, mais pobres ainda, iniciam o caminho de retorno... "Pelo menos no mato não se morre de fome."

E não é que o Amapá seja tão esquecido! Alvo de notícias, por dias e dias seguidos, quando viu seus filhos engolidos pelas ondas do naufrágio do barco "Novo Amapá", o território atraiu a compaixão do Brasil inteiro. Só que os filhos continuam a enfrentar o perigo das águas. Algumas indústrias já se estabeleceram na boa terra para extrair e exportar madeira. E o manganês?! Afinal, ele constitui, na realidade, o orgulho da região no contexto econômico do Brasil.

Existe, porém, no Amapá, outra história: aquela de Deus com seu povo. Trata-se de colocar em foco as experiências novas de Cristo aos que vivem comunitariamente sua fé, hoje, nas mais diversas situações de abundância ou de carência dos recursos mínimos para sobreviver como pessoas – filhos de Deus. Missões é o processo dinâmico da ação de Deus na história do seu povo. E que resulta naquilo que se costuma afirmar: "Jesus Cristo está acontecendo entre nós".

Alicerces da ação missionária

A dinâmica da evangelização, no território do Amapá, tem suas origens ligadas à colonização das terras, por volta de 1600. Como os primeiros missionários eram padres portugueses, franciscanos, jesuítas, as condições precárias vividas acentuadamente na época não impediram que as primeiras sementes do cristianismo encontrassem um terreno fértil para germinar. E os missionários, geralmente estrangeiros, sucediam-se na doação de suas vidas em prol do povo. Fundavam-se paróquias. Tudo se organizava na medida do possível, obedecendo à metodologia missionária existente na época.

Em 1948, os padres Missionários do Pontifício Instituto Missionário (PIME) recebem o encargo de evangelizar a região. Um dos primeiros a pisar o solo amapaense, pe. Lino Simonelli, faz questão de ressaltar o trabalho daqueles que o precederam: "Principalmente os padres da Sagrada Família, que realizaram um trabalho heroico, duríssimo, no escondimento...".

Grandes eram os sacrifícios. As alegrias, maiores ainda! Contudo, muita coisa evoluiu e um longo caminho de abertura aconteceu nas missões do território, desde o tempo em que o pe. Lino saía pelas ruas tocando pistão para chamar as crianças. Ao som do instrumento, elas se reuniam em número de quatrocentas a quinhentas. E ali acontece a aula de catecismo. Hoje, a prelazia de Macapá vive integrada numa busca contínua, na reflexão prática, para realizar a evangelização, segundo a linha de Puebla.

"Hoje, nasceu a Igreja em Macapá"

Quando a prelazia de Macapá decidiu iniciar o trabalho de comunidades de base, ninguém aprendera ainda o seu significado profundo. Havia, porém, a consciência de uma realidade que necessitava urgentemente ser transformada e assumida: a de que todo batizado tem uma

COMUNICAR A MEMÓRIA

função específica na Igreja e o direito de trabalhar nela. Portanto, tratava-se de criar no povo a consciência de que a Igreja não pertence somente ao padre. E que ele não é o dono nem o único a mandar.

Foi assim que, iniciando da estaca zero, d. José Maritano – bispo da prelazia – entabulou as primeiras conversas com as pessoas da paróquia, pedindo sugestões, propondo iniciativas. Grande foi sua surpresa quando, depois de ouvir tudo, um dos representes pediu a palavra e disse: "O senhor vai me desculpar, mas hoje nasceu a Igreja em Macapá". Foram anos de luta, de tentativas, às vezes com sabor de fracasso, mas conclui o bispo: "O Espírito Santo age devagar. Ele não tem a pressa que a gente tem".

Chamados a ser povo

Um dos fatos considerados de grande importância na pastoral missionária da prelazia de Macapá é o Congresso do Povo de Deus, que se realiza de tantos em tantos anos, reunindo as pessoas das comunidades das beiras dos rios e dos lagos, das ilhas e dos campos, das margens das estradas e das matas, das vilas e das cidades.

Preparado com certa antecedência no sentido de conscientização, reflexão de temas, oração e organização, o último Congresso (1979), com o tema "Chamados a ser povo", teve como finalidade primordial assumir a consciência de que o primeiro passo para a Igreja ser evangelizadora é que ela mesma seja evangelizada. Daí, segundo afirma o documento conclusivo do Congresso, refletir sobre a "realidade concreta da vida, analisar os problemas de pastoral da nossa Igreja, num momento de profunda vivência da comunhão em Cristo, sob a ação do Espírito Santo, e propormos soluções mais aptas para o caminho do povo de Deus no Amapá, nos próximos anos".

Seguindo o método ver, julgar e agir, a reflexão estendeu-se sobre a situação do povo no contexto socioeconômico e político do Amapá, e o porquê de certos acontecimentos. Num segundo momento, a análise versou sobre a situação religiosa, em que cada cristão está convicto de seu profundo senso religioso, como também do acentuado ritualismo existente. E sempre a pergunta: por que isso acontece?

Depois de analisar a situação em que vivem os amapaenses, entra em ação a segunda etapa: julgar – como Deus quer seu povo? Criando um consenso a respeito do plano de Deus sobre o povo, os participantes do encontro refletem sobre *o serviço de cada um na missão do povo de Deus*. "Trata-se de encontrar a maneira de expressarmos nossa ação e nossas qualidades, enriquecendo e completando a atividade do povo de Deus a serviço do Reino." Nesse momento, especificam-se as tarefas, onde e como cada um deve ser cristão, evangelizado e evangelizador.

Agente de pastoral: anunciador da Boa-Nova

Do Congresso do Povo de Deus nasce a dinâmica pastoral que orienta toda a prelazia na sua atividade missionária. Atualmente, as linhas prioritárias existentes na organização da pastoral são Comunidades Eclesiais de Base, juventude, formação humana, família, pastoral rural e catequese. Ressaltando, explica um missionário, que as CEBs constituem a base, o ambiente onde as outras pastorais têm chance para se desenvolverem.

Nessa dinâmica, há um esforço para o despertar e a formação dos agentes de pastoral, bem como das lideranças nas paróquias. Segundo pe. Sandro, coordenador do curso para agentes de pastoral, é preciso escutar muito o povo, devido às conotações culturais, ambientais. "O povo tem muito a nos dizer, nós não podemos resolver teoricamente os problemas. No início, eu usava as dinâmicas modernas de pastoral (painel integrado etc.). Depois percebi que, para o povo desta região, aquilo não tinha sentido. As pessoas executavam porque a gente mandava. Aos poucos, fomos mudando até dar chance para o povo se expressar..."

Evidentemente, explica ainda pe. Sandro, as barreiras são enormes, principalmente quanto à catequese e à evangelização libertadora. Entretanto, o importante não é afirmar "cheguei", mas o processo dinâmico da ação de Deus no meio do seu povo. Por isso, os agentes de pastoral, vindos de lugares distantes de onde o encontro se realiza à luz da lamparina de querosene, passam trinta, quarenta dias reunidos em cursos de formação.

Um deles, Bendito de Almeida, chegou a afirmar: "A gente não enfrentava a realidade como tá vendo hoje. E pra enfrentar essa realidade precisa também uma vida 'nova', de conhecimento, de amor, de paz, de honestidade. E esse encontro a gente não pega só como riqueza; já pego assim como um momento de renovação de vida. Passar de uma vida velha para uma vida nova... diferente".

A catedral do bispo

"Hoje vou celebrar a missa na minha catedral", disse d. José. "Querem vir comigo?"

Onde estaria a catedral anunciada, pois a matriz que todos conhecem ergue-se majestosa na praça principal! Percebendo o embaraço, interveio logo: "Toda vez que volto de uma viagem pelo interior, vou celebrar na minha catedral".

À medida que o carro avançava, as belas construções ficavam para trás. Começavam as ruas sem asfalto, a paisagem se transformava e surgia a catedral: uma casinha de madeira, com frestas expostas a intempéries. A escada caindo... nas paredes, alguns quadros de santos; uma mesa e alguns bancos... Depois de abrir a pequena maleta e retirar os paramentos, chegam os dois fiéis principais: d. Joana, doente, trazida do quarto para a sala numa

COMUNICAR A MEMÓRIA

cadeira. E seu Pedro, o esposo. Eram a serenidade e a humildade personalizadas.

A oportunidade de ler um evangelho vivo, encarnado naqueles dois fiéis, explicou a necessidade de um bispo transformar aquele "barraco" na sua catedral, pois, celebrando com o mesmo entusiasmo e recolhimento como se estivesse na frente de milhares de fiéis, aquela "catedral" permanecia fortemente iluminada. Ali havia os simples e humildes de coração; aqueles que sempre serão a escola mais poderosa e sapiente para revelar a Deus encarnado – Jesus Cristo.

Catequese cabocla. Mas todos compreendem...

"A minha catequese é muito cabocla", afirma d. José. Referindo-se, por exemplo, à opção preferencial pelos pobres, o critério deve ser buscado sempre em Jesus Cristo. Mas para que todos entendam, ele explica assim: "Quando se tratou de Jesus se fazer gente igual a nós, o Pai ficou olhando de cima e disse para Jesus: 'Olha, chegou a hora de descer, mas tu vês como é o negócio. Lá embaixo tem pouca gente que tem tudo nas mãos... se tu vais no meio dessa turma aí, em três tempos tu transformas o mundo do jeito que tu queres. Mas tem aquela multidão que não se conta, é um número de gente que não tem vez; se levanta a voz, já apanha na cabeça; se procura fazer alguma coisa, os outros já estão em cima; enfim, sem poder fazer nada. Agora, se tu fores com estes, vai apanhar muito, mas vai dar para fazer alguma coisa que presta'. Aí, então, Jesus disse: 'É lá mesmo que eu vou; vou apanhar, vão me matar, mas eu vou ser um deles'. E veio. E a gente fica pensando por que será que ele escolheu essa parte. Porque ele achou que o pobre é o homem como Deus quer; não para que seja pobre, mas porque é o único em que aparece que o que tem valor não são as coisas, mas ele, gente. Isto é, gente, a pessoa que tem valor, não as coisas".

No entender de d. José, a opção preferencial pelos pobres, que a prelazia procura seguir, é a opção pelo homem. Nessa luta cotidiana, os missionários doam suas vidas. O missionário é uma pessoa que nunca se acha suficientemente cansada para dar de si aos irmãos.

O GRITO DO HOMEM SEM TERRA

(CONCEIÇÃO DO ARAGUAIA – SUL DO PARÁ – 1982)

Conceição do Araguaia. Um verdadeiro teatro.

Assunto: terra.

Enredo da peça: latifúndio e lavradores.
A corrida dos que têm e dos que não têm terra.

Cenário: a mata e o rio – o Araguaia.

Artistas: posseiros e fazendeiros (com pistoleiros).

Técnica: leia a reportagem e conclua.

Em cada curva do caminho, uma bela, "esbelta" e frondosa castanheira indicava: "Estamos no Pará". A terra das castanhas, que, há alguns anos, fazia os alunos das primeiras séries ficarem imaginando como seria uma castanheira. Porque, ao falar em Pará, a referência obrigatória recaía sobre o seu fruto: as gostosas castanhas. E há mesmo motivo para muitas poesias... Ao entardecer, o sol já vermelho toma conta do horizonte, num barrado único, e as árvores da mata que ficam para trás, enquanto se avança para a "cidade", aparecem como pontos pretos, silhuetas bordadas na grande colcha do céu avermelhado. É a dança das cores. É a festa do colorido para os olhos. E a saudade chega ao coração: vem à memória a lembrança de pessoas queridas, perto... distantes! Um misto de desejos bons e a pequenez do ser humano que tenta tocar o céu – Deus!

Trata-se do Pará. Mas não tanto o Pará da "civilização", e sim aquele que se espraia às margens do Araguaia. Bem no sul. É a região que passa de "boca em boca" nestes últimos tempos: a famosa área de Conceição do Araguaia – o grande município do Baixo Araguaia, que até 1945 abrigava tão somente índios. A partir daí, iniciaram-se os projetos colonizadores. Veio a construção da Belém--Brasília e da Transamazônica. Aos poucos aparecem os posseiros, o GETAT (Grupo Executivo de Terras do Araguaia-Tocantins), grandes fazendeiros, projetos agropecuários... Hoje, o quadro fundiário é um dos mais complexos do país.

Infelizmente, a região de Conceição do Araguaia apresenta-se, hoje, como uma área de verdadeiro faroeste, onde morrem, em média, duas pessoas por mês em consequência de conflitos de terra. Uma região onde "tudo é permitido" – existe a violência e a injustiça institucionalizada. Eliminam-se pessoas (lavradores) como se costuma matar a tapas os mosquitos que incomodam o sono tranquilo, à noite. Neste contexto é que nossa reportagem viveu na cidade e na mata. Conversou com lavradores, passou o medo da "vigilância" a que o povo é submetido. É como se um braço invisível pousasse sobre ele: o medo. Confirma isso um lavrador, em depoimento a nossa reportagem: "Sobre muita coisa a gente não pode dizer nada. A gente só pode pensar e guardar no coração, mas não pode dizer nada. Esse que é o problema".

Corrida dos sem-terra

De um lado o latifundiário com os pistoleiros. De outro, o lavrador com a precisão. O lavrador se arma da coragem e do instrumento da caça. O pistoleiro, da violência, da prepotência e de armas sofisticadas. Pe. Ricardo Resende, atual coordenador de pastoral da diocese da região, que se dedica à causa dos lavradores – justamente pela opção preferencial da Igreja pelos pobres –, evidencia que, como em nenhum outro lugar, a luta pela terra tem atingido limites dramáticos, e a população atual na área talvez não atinja 5% de paraenses.

"Nosso homem vem de todos os rincões do país. Desde o Rio Grande do Sul até o Maranhão. Predominam os maranhenses, goianos e mineiros. Na verdade, o homem que compõe a população desta região é aquele que não resolveu o problema econômico e social onde estava; em geral, são lavradores sem-terra. Expulsos, espoliados. São homens marcados por experiência de despejos, na maioria das vezes, e que acabam vindo para esta região, que é de fronteira, onde ainda existe terra devoluta, terra onde o título definitivo ainda não foi expedido. E desembocou esse contingente humano aqui no município de Conceição do Araguaia. Mas quem veio para cá é porque não teve solução na área onde estava. Não foi resolvida a situação da terra lá", testemunha pe. Ricardo, que trabalha há cinco anos na região e explica que, ao visitar os lavradores, descobriu que cada colono assentado trouxe da região onde morava um conjunto de parentes, primos, irmãos, pais, compadres, amigos, pessoas sem-terra, que vieram na esperança de também conseguir terra. "Eu visitei uma família que tinha oito agregados. Quer dizer, para uma solução, vieram oito problemas."

Inicialmente, os grupos de camponeses dirigiram-se aos órgãos responsáveis pela situação fundiária: INTER-PA (Instituto de Terra do Pará), INCRA, GETAT. Diante da não solução por parte desses órgãos, segundo pe. Ricardo, os lavradores acabaram por entrar em áreas não ocupadas – áreas ociosas – que, na verdade, aguardavam a especulação imobiliária.

Iniciou-se, então, um conflito direto entre latifúndios – na maioria das vezes propriedades cujas terras pertencem à União, mas que foram incorporadas a um patrimônio particular de grupos empresariais, ou pessoas individuais – e os lavradores. Daí a disputa armada, acentuada fortemente pela promoção à concentração de terra, através dos incentivos fiscais: empréstimos altíssimos a uma taxa negativa de juros. Dentro dessa política, pe. Ricardo afirma que Conceição do Araguaia foi o município em que houve maior número de projetos agropecuários aprovados (fazendas) e o segundo em volume financeiro. De repente, estavam na região grandes grupos, famílias (algumas com dez fazendas), enquanto não havia 100 ha para as famílias camponesas.

"As fazendas tinham seu braço armado, contavam com a polícia e o aparelho judicial. Mas, naquele tempo, os lavradores ainda estavam desorganizados. Não conheciam seus direitos. Só a lei da precisão. Os latifúndios eram tão grandes que ninguém sabia onde começavam e onde terminavam, totalmente improdutivos. Os lavradores eram como 'formiga', um grande formigueiro, novas famílias chegando, a população dobrando, e a tensão social começando a aumentar. Os lavradores ocupam a terra, para eles sem dono, livre para ser plantada."

Os posseiros, então, expulsos de suas terras, lutando pela sobrevivência, atravessam o rio Araguaia, colocam-se nas terras desocupadas e "bocas de mato". De despejo em despejo, o povo começa a cansar. Mas aprende, também, a resistir.

O povo se organiza e descobre sua força

Em outubro de 1979, um despejo violento, com espancamento de crianças, mulheres, e violação sexual de homens pela polícia, na Fazenda Tupã-Ciritã, de um grande empresário de São Paulo, parece ser a gota d'água para a população Xinguara (PA), que, irritada com tamanho despropósito, mobiliza-se e, num prazo de seis dias (o que é difícil na mata), reúne oito mil lavradores em praça pública e realiza um ato de protesto. Foi a maior concentração de lavradores no Brasil, num só município, desde 1964.

Em fevereiro de 1980, a CNBB trata a questão da terra, seu uso e propriedade, e lança o documento "Igreja e problemas da terra". Pe. Ricardo argumenta que, nesse contexto, o governo brasileiro – preocupado com a hipótese remota, irreal, de um novo movimento guerrilheiro que pudesse surgir e, além disso, preocupado com os grandes projetos para a área, que têm relação com Carajás, projetos de agricultura e pecuária, além de mineração – criou o GETAT, com poderes especiais para resolver as questões da terra, abrangendo o norte de Goiás, o sul do Pará e o sudeste do Maranhão. Mas que, na verdade, teria a função de bombeiro, de apagar incêndio, como disse muito bem um jornalista do Pará, Lúcio Flávio.

Acontece que, para apagar incêndio, explica pe. Ricardo, não adianta só jogar água; é preciso saber como surgiu o incêndio. "E a causa não está aqui – essa é a questão. A causa é que a situação fundiária nacional é caótica.

COMUNICAR A MEMÓRIA

E, aqui, mais caótica ainda." Nesse contexto, aumenta a situação de violência institucionalizada e que tem nome. Grupos que expulsam lavradores, ameaçam famílias, queimam casas; grupos que têm uma situação irregular, pois, em muitos casos, a própria questão da terra é irregular, em termos de documentação, de titulação. Por outro lado, centenas de famílias colocadas fora de casa perdem tudo; crianças morrem em consequência dos despejos; um número alucinante de pessoas mortas para uma área de baixa densidade demográfica. Em dois anos, 56 mortos e nenhuma apuração, nenhum inquérito feito com seriedade.

"O Gringo – homem que lutou pelo povo – foi morto em maio de 1980 e, até hoje, quem o matou continua solto. Todo mundo sabe quem é. A pessoa fala que matou o Gringo e continua em liberdade. Não houve conclusão do inquérito policial. E uma das mortes mais recentes foi a do Belchior – este ano –, em Rio Maria. Na terra, colhendo arroz com a autorização do GETAT, foi atacado pelo fazendeiro Valter Valente, que se fazia acompanhar de seu filho e de um grupo de pistoleiros. Mataram o Belchior com 145 tiros, fraturaram o pescoço dele, perfuraram os dois olhos. Quer dizer, uma morte estúpida, que primou pelo sadismo, inclusive; e a conclusão do inquérito policial foi: o fazendeiro agiu em legítima defesa. O lavrador nem sequer estava armado. Tinha só o instrumento de trabalho."

Na mata, medo e insegurança

À beira do barraco, bem dentro da mata, numa das comunidades de São Geraldo do Araguaia, onde foram presos os padres franceses, Antonio Sampaio Neto (pseudônimo) conversa com nossa reportagem e explica a vida dura da mata: "Todo meu modo é a mata mesmo. Mas a vida aqui só passa porque não tem outro meio. Tem que rasgar no pé todo dia – ir e vir constantemente. Nóis tem que correr muito porque, se não produzir, não avexar muito e produzir pouco, nóis passa fome".

Bastante desanimado, esmorecido, como ele mesmo afirma, Sampaio explica que "essas promessas que já vêm vindo de muito tempo e nunca chega, essa parte faz a gente desanimar mesmo. Eu achava que com esta luta toda, a dificuldade, o conhecimento de tudo o que vem acontecendo com nóis, eu achava que ia ter um ponto de apuramento para a pessoa poder ficar ali, libertada, sem pavor, sem humilhação".

Sampaio é um dos moradores mais antigos da mata, naquela região. Já sofreu ameaças de morte por parte dos pistoleiros que o perseguiram por vários dias, a mando do fazendeiro. Escondido na mata "de galho em galho", conseguiu escapar e chegar ao barraco. Hoje, ele diz que, ao cruzar com os pistoleiros, "tem hora que eu ainda dou bom-dia pra eles. Não tenho pau pra batê, mas também não nego a minha palavra pra eles. Agora, o medo é grande; quando eu enxergo ele, eu tomo aquele medo de ele agir comigo. Eu tô sempre pegando com Deus e que sempre conforte o espírito dele, e que não dê pra ele agir de novo pra mim. Uma coisa dessa é fraqueza. Eu conto só a minha vida, mas é a vida de quase todo posseiro daqui. Eles amarram muita gente presa, pra deixar passar o arrastão. Então, graças a Deus, não fizeram foi me prender e nem me marrar. Queriam me matar mesmo".

Aos poucos, Sampaio penetra mais fundo na causa de seu esmorecimento, revelando que havia época em que se apelava para que houvesse um apoio, uma providência, "e, hoje, a gente tá de cabeça baixa, esperando Deus dar no sentido de alguém pra resolver. Tô me achando dentro de um chiqueiro, porque pra mim sair daqui, só saio em carro de confiança, que não para no meio da viagem. Ou então eu pego o meu burro, entro aqui por dentro e vou pegar carro na Piçarra [outro lugar, bem distante]. E quando acho que o coração tá pedindo pra mim não pegar transporte, eu não pego. Eu tô dizendo que tou enfraquecendo, porque me disseram que a mata tá liberada pros posseiros; é só fazer direito o serviço. Mas eu sei que tá tudo quieto, mas amanhã nós vamo pegá ele como quem pega galinha: vai jogando milho por longe... faz de conta que não liga e até que um dia pega".

O clima de insegurança e de medo cresce e atinge profundamente determinados lavradores. Sampaio, por exemplo, fala de todas as "aventuras" vividas na mata, que esteve preso alguns dias antes da prisão dos padres franceses, onde sofreu pressão. "Eles queriam que eu dissesse que o Aristides mandava matar. Dizer que a Oneide era rapariga dele. E eles queria inté me meter investigação de matação pra dizer. Eu falei: 'Olha, eu quero que o senhor tenha paciência de assuntar o que eu falo, porque eu não vou contar uma coisa que eu não sei, porque eu conto hoje obrigado, mas amanhã não sei contá. Agora, me procura aquilo que eu sei e aí eu sei contá hoje, conto de noite, conto amanhã, conto a qualquer hora'".

"Teologia da terra" na área de conflito

"Como falar de um Deus que é Pai para homens que não vivem como irmãos?", já interrogava Gutierrez no livro *Teologia da libertação*.

E a Igreja de Conceição do Araguaia se pergunta: como pregar a fraternidade, o "Pai-Nosso", Deus que é Pai de todos e o pão nosso de cada dia, numa situação de flagrante injustiça social, num contexto de extrema violência, de mortes e assassinatos brutais, senão assumindo a luta pelo povo?

Tendo presente que a evangelização é anúncio da Boa-Nova e a celebração de Jesus presente na comunidade através da Palavra, sacramento e história, a Igreja de Conceição do Araguaia assumiu o compromisso com os pobres, no contexto sociopsicológico, político-econômico de opressão do povo. Propõe-se a caminhar unida na construção do Reino, anunciando a Boa-Nova; denunciando toda escravidão, despertando a consciência crítica e levando as pessoas a se libertarem totalmente.

COMUNICAR A MEMÓRIA

Pe. Ricardo testemunha que, "para pregar o Evangelho nesta terra, é preciso partir do real, que é a situação conflitiva. Sem esquecer os espaços lúdicos, que extrapolam a parte conflitual que existe em qualquer comunidade onde o padre vai celebrar. O povo coloca e vê a Igreja como esperança. Foi a única instituição, durante muitos anos, que se colocou à disposição das reivindicações populares. Era o único canal que o povo tinha. A única corda de salvação até o povo descobrir a sua própria força".

Segundo o coordenador de pastoral, é necessário articular a "teologia da terra" com uma teologia da libertação, que, principalmente em Conceição do Araguaia, tem a conotação do direito à terra. Isto sem deixar de lado a religiosidade popular. "Para mim, então, pregar o Evangelho aqui é partir do real, sem esquecer outros aspectos, também fundamentais." E quando a Igreja se coloca ao lado do povo, em Conceição do Araguaia, ela está contra a violência na região: uma violência do aparelho repressor e a violência do latifúndio que ataca o lavrador, bate, espanca, derruba sua casa, queima a sua roça, acaba com toda sua produção – fatos que não significam apenas a perda de um emprego, mas um ano sem ter o que comer. A Igreja, mesmo correndo muitos riscos, esforça-se para viver uma atitude evangélica na região: coloca-se ao lado dos injustiçados.

Pastoral da Igreja: um preço muito alto

Na situação de Conceição do Araguaia, a Igreja possui um papel fundamental na resistência pela terra. Ela se tornou um canal de denúncia e ofereceu assessoria jurídica num primeiro estágio. "Porque aqui, a justiça funcionava de forma totalmente arbitrária: trocavam todos os mecanismos legais, e os lavradores não tinham nenhuma defesa; não conheciam nem advogado, nem juiz; nunca ouviram falar de edital; enfim, o lavrador estava totalmente desinformado e era despejado todo dia." Num primeiro momento, a Igreja entrou com assessoria jurídica e foram sustadas todas as liminares, porque ilegais. Acrescenta, entretanto, pe. Ricardo, que, infelizmente, a solução da região não é jurídica, mas política. Num segundo momento, político, entrou o GETAT para resolver administrativamente as questões fundiárias. Nasce a pergunta: onde fica o lugar da justiça? E do juiz?

No caminho de evangelização encarnada na realidade, a pastoral de Conceição do Araguaia tem ainda como prioridades a educação e a saúde. O trabalho, entretanto, é integrado e abrangente na medida do possível, por causa das distâncias, e desenvolve-se principalmente através das Comunidades Eclesiais de Base.

Por tudo isso, a Igreja paga um preço muito alto. Além dos padres presos, agentes de pastoral e mesmo sacerdotes recebem ameaças. Ela sabe, entretanto, que, quanto mais penetrar na alma do Evangelho, menos será entendida pelos que tentam construir um reino neste mundo.

Contudo, como Jesus Cristo, ela não abdica. Morre, mas ressuscita.

"Pisei numa terra sagrada"

Pisei numa terra sagrada. Sim, nas águas também. As do Araguaia. Sagrada porque entendo que o sangue de muitos mortos, nos últimos anos, e sem nenhum inquérito a respeito, mistura-se com a poeira das estradas, com a roça dos lavradores, com o silêncio da mata. E faz nascer coisa nova. Este sangue é semente de vida nova. É a terra do Gringo, do Belchior, do Avelino... homens que morreram por causa do povo. E do seu sangue nascerá um povo novo.

Parto da "civilização" e piso num outro Brasil. Avião grande. Passageiro de alto nível. Vão desembarcar em Brasília. Viagem tranquila. Nem percebo quando "me desprego do chão". Tudo sob controle: no conforto, no atendimento, nas roupas adequadas para uma viagem de tal porte. Sorrisos ensaiados.

Dia seguinte, o panorama muda. Avião pequeno – 16 pessoas. Parece não ter força para decolar. Tudo treme no "aviãozinho", até a sola do meu pé. Em Conceição do Araguaia, a sensação da terra sagrada. Botei o pé direito no chão e pensei: "É aqui". Nesta terra se sofre, se ama, se morre. É terra sagrada. Começo a sentir o "cheiro do povo".

Lá pelas 8h da manhã, a moça da rodoviária, num bar, me vende a última passagem. O ônibus já está encostado. A viagem vai durar doze horas e meia com baldeação em Araguaina. Olho ao redor, o movimento é grande: menores estendendo os braços sujos, vendendo laranjas e gritando um mais que o outro para manter a concorrência. O motorista quase não dá conta de colocar a bagagem: sacos e mais sacos. Mulheres com crianças, sacolas, embrulhos... E a Transbrasiliana parte. É a única da região. Só ela... sozinha mesmo, para dar conta de tudo. Ninguém resiste à Transbrasiliana.

Em Araguaina, a troca de ônibus. Compro nova passagem. A fila é enorme. Muitos metidos a "valentões" passam na frente das mulheres. Os funcionários vendem passagem para as mocinhas que se achegam ao balcão e lhe fazem "gracinhas". E a fila não anda. Já é quase hora do ônibus. Observo o comportamento das pessoas. Irrita-me ver o povo, os pequenos sempre pisados. Quero dizer alguma coisa. Não posso. Aqui vale a "lei do mais forte" fisicamente.

De novo na Transbrasiliana rumo a Xambioá, à beira do Araguaia. As estradas são tão precárias que é preciso sair do Pará, entrar em Goiás e retornar ao Pará para chegar a São Geraldo do Araguaia. Oito e trinta da noite, em Xambioá. Não convém atravessar o rio. Oito horas da manhã. Clima de tensão. Calma aparente. Todos que cruzam por mim, olham-me demoradamente. Percebo a interrogação no semblante das pessoas. No "beiradão", tomo uma "voadeira" e atravesso o Araguaia. Estou em São Geraldo.

Vale a pena arriscar

Confesso que, ao descer da voadeira, senti medo. Os olhares das pessoas me esmagavam e pareciam me dizer: "O que você quer aqui? De onde vem? Por que vem? Que procura?". A sorte estava lançada. Fui à casa paroquial – e quem se dirige à casa paroquial é suspeito. Tomo cuidado com minha documentação de jornalista, gravador, máquina fotográfica. Não saio à rua. Converso com os lavradores ali mesmo, na casa paroquial.

Arrisco e vou até à mata. A caçamba "potente" parece quase não caber em cima dos mata-burros dos atalhos onde passa. Só que os mata-burros são feitos de troncos de árvores. Dois, quando são finos, e dá exatamente só para os pneus. Alguém me puxa pelo braço e diz: "Tá vendo aquela casa lá?", e aponta com o dedo. "É a casa de um pistoleiro. Aquela mais pra baixo é de outro pistoleiro." Ao passar em frente, fecho os olhos para não ver.

São dois dias. Devo voltar para Conceição. Não é prudente permanecer em São Geraldo. As ameaças continuam, garantem os lavradores. Estudo uma forma para assegurar o material jornalístico. Não quero perdê-lo e costuro minha carteirinha de jornalista na bainha da calça comprida. Não há nada de mal, mas é que as revisões são frequentes, e eu distribuo as poucas folhas do que escrevi ao redor da minha barriga, dentro da calça comprida, para, em Araguaina, enviar por fax. Tempo de ditadura e eu não quero complicar ainda mais a vida dos lavradores, especialmente de quem me deu entrevista, embora tenha usado um nome de fantasia. Diante do medo, da tensão que passo, paro e penso um pouco: mas isto é mesmo Brasil?

Mais doze horas e meia de viagem. É o retorno para Conceição. Na rodoviária, uma sala pequena – de Xambioá, o ônibus não chega e os passageiros começam a se amontoar. Olham-me desconfiados. Ninguém puxa conversa. Nem eu. Naquele momento tudo é comprometedor. Ninguém confia em ninguém, mas eu penso: "Vale a pena arriscar pelo povo, pela verdade".

O motorista afunda o pé no acelerador e não respeita buraco nenhum. Parece que vai quebrar alguma peça do ônibus, pois não há máquina que resista. Apenas cinco minutos e já uma parada. Sobe um senhor de idade acompanhado pelo filho, já de cabelos brancos. O velho tem as pernas encurvadas e fracas. O motorista não liga e põe o ônibus a correr, como um doido. Seguro-me na janela, e ora quase caio fora, ora caio para o corredor. Alguém grita: "Oh, motorista! Olha o velho! Tem as pernas fracas!".

A poeira é intensa. O calor também. O suor começa a correr e vira barro. Não adianta limpar. O importante aqui é não cair. Afundo-me na cadeira, entrego-me a Deus e deixo que "aconteça o que acontecer". No ônibus, mistura-se tudo nos bancos e no corredor. É como sardinha em lata: mulheres, crianças, homens, sacolas, embrulhos, redes, latas, enxadas, sacos, calor, sujeira, suor, risos, choros. E eu penso: este é o cheiro do povo, que sofre e que vive sempre assim. Esta terra me faz bem. Tudo o que está nesta terra é bem mais importante do que estas pequenas aventuras.

O povo, porém, que ali está, não tem alternativa. Por isso a sua luta é forte e grita alto. Alguns, porém, querem ignorá-la. Daí as mortes dos que "ousam" pedir o seu direito por algo melhor. Esta terra é regada pelo sangue de gente honesta. Confesso que pisei numa terra sagrada.

A VERDADE QUE VEM DO POVO

(PADRES FRANCESES PRESOS NO ARAGUAIA – SUL DO PARÁ – 1982[1])

*No momento da história em que
a Igreja é julgada na sua atuação pastoral,
na pessoa do pe. Aristides Camio e Francisco Gouriou,
por solicitação do secretário da CNBB,
d. Luciano Mendes de Almeida, nossa reportagem
percorreu longas distâncias, enfrentou riscos e buscou
"a verdade que vem do povo", convivendo com lavradores
de São Geraldo do Araguaia.*

---

[1] Parte desta reportagem contou com a companhia e a colaboração de Vera Maria Bombonatto.

A verdade dos fatos, neste momento, ultrapassa
a condenação dos dois sacerdotes
e atinge o próprio Evangelho.
Quem o diz é o próprio povo.
A "verdade que vem do povo", porque nossa reportagem
foi ouvir o povo que coviveu com os padres e que,
portanto, constituía a fonte primeira
e veraz para um fato que "bombava"
nos meios de comunicação de maneira sensacionalista e, na
maioria das vezes, em conluio com as grandes
forças da época.

O lobo falou para o cordeiro: "Olha, cordeiro, eu tenho que comer você, porque sujou a minha água". Aí o cordeiro falou: "Mas como é que eu sujei sua água? Eu estou aqui embaixo, você está aí em cima; o rio desce, não sobe". O lobo replicou: "Mas se você não sujou a minha água hoje, você sujou ontem". E o cordeiro: "Mas ontem eu bebi aqui, você bebeu aí". "Então foi seu irmão!" "Mas eu não tenho irmão." "Então foi seu pai." "Meu pai já morreu..." "Então foi seu avô..." O lobo tinha a determinação de comer o cordeirinho. Ele precisava apenas de um pretexto. E acabou comendo o cordeirinho.

Esta fábula do lobo e do cordeiro foi utilizada pelo advogado Heleno Fragoso ao iniciar sua brilhante defesa no julgamento dos padres franceses, evidenciando não só a inocência dos padres, mas também que se tratava do julgamento da atuação pastoral da Igreja, hoje, na sua opção preferencial pelos pobres e pequenos.

COMUNICAR A MEMÓRIA

Para sentir a realidade dos fatos, nossa reportagem foi a São Geraldo do Araguaia (PA). Na casa paroquial, utilizando para escrever esta matéria a própria máquina de datilografar dos padres Aristides e Francisco, pode-se sentir o quanto esta casa é, há muito tempo, a "casa do povo": não somente pelos acontecimentos atuais, mas também porque os lavradores já fizeram dela uma parada obrigatória. Nas horas que nossa reportagem ali permaneceu, pôde testemunhar a chegada de muitos deles procurando ajuda para suas necessidades quer físicas, quer na busca de esperança para não se sentirem sozinhos na vida dura da mata. São muitos quilômetros percorridos a pé, e eles vêm perguntar se há alguma condução: dinheiro para o transporte, remédio para os doentes. Alguns mais corajosos, depois de algumas palavras, dizem: "Tem notícia dos padres?".

A paisagem maravilhosa à beira do rio Araguaia, a calma de uma cidade do interior, a vida simples das pessoas não conseguem impedir, porém, o clima de medo e de terror que existe, fervilhando por "baixo". É que os boatos misturam-se com pontas de verdade. "Serão mesmo sérios os vários recados que chegam, continuando as ameaças a pessoas tidas como 'novos cordeirinhos'?" "Pode ser e pode não ser", explica uma pessoa que acaba de receber o recado. "Eu não tenho medo. Só vou me cuidar para não andar sozinha, porque senão ninguém fica sabendo pra onde me levam."

Aristides e Francisco:
um compromisso com o povo

Sempre levando em conta seu compromisso com o povo, testemunha um dos seus amigos que "Aristides tinha plena convicção de que seria morto ou seria preso. Homem de coragem surpreendente, nunca se intimidou diante dos muitos avisos de que os pistoleiros o esperavam nesta ou naquela picada. Na ocasião em que a diocese teve notícias de que um fazendeiro contratara cinco pistoleiros para acabar com Aristides no prazo de quinze dias, ela ofereceu diversas propostas para que se ausentasse da região. Entretanto, Aristides respondeu: 'Não. A minha defesa é o povo'. E ficou quinze dias com os lavradores na mata. Os lavradores passaram a proteger Aristides. Houve momento em que haviam 70 deles protegendo-o dos pistoleiros, pois Aristides sempre andou desarmado".

Ainda na reunião do Conselho Diocesano, Aristides apresentou um trabalho que havia feito sobre São Marcos – ele estava estudando esse evangelista – e, segundo testemunho de colegas que sabiam de sua convicção e compromisso com o Evangelho e com o povo, na situação em que se encontra a região, Aristides falou: "Eu estou indo para ser preso". Depois de informar o Conselho Diocesano acerca das prisões dos lavradores, disse: "Chegou a minha vez".

Trata-se de um homem que, estudando, amando e vivendo o Evangelho, sabia qual seria seu fim, mas não podia recuar. A exigência evangélica fazia-o estar presente, defendendo a justiça sem violência. Todos sabem que a luta não é contra o progresso, mas contra a forma injusta com que se implantam certos projetos. É impossível permanecer indiferentes, e as pessoas passam a ser acusadas "pelo crime de ter feito o bem".

Calçando sempre "chinelo de dedo", calças desbotadas e tendo por companheiro um cigarro de palha, Aristides é, para quem o conhece, um homem que prima pela inteligência. Chegou a fazer mestrado sobre Heidegger, na França. Foi soldado na África. Trabalhou muitos anos na Ásia. "Pessoa prática e, ao mesmo tempo, teórica com grande capacidade de fazer exercícios intelectuais. Escreve bem, possui uma linguagem popular e nenhum formalismo. Por isso, não tinha nenhuma dificuldade em sentar-se no chão do aeroporto de Brasília para calçar um 'sapato largão', quadrado, próprio para os pés dele, já bastante esparramados, devido à falta de costume de usar sapatos."

Francisco (Chico, como o tratam costumeiramente) e Aristides eram amicíssimos e conhecem-se desde criança, mas ambos se diferenciam, não no ideal, mas sim na maneira de ser. "Chico é muito prático, gosta de mexer com mecânica: arruma tudo o que vai encontrando estragado. Não é tipo intelectual, pende mais para o prático, tem muita facilidade de comunicação. Gosta de andar bem vestido, com sapatos e meia: gosta de música sertaneja."

Incapaz de permanecer parado, Chico viajava constantemente, por isso "é difícil imaginar o Chico preso 24 horas por dia num cômodo sem poder sair. O Aristides já é mais caboclo, gosta de mexer com a terra. Duas pessoas diferentes, mas que se completam. Há alguns meses que moravam juntos. Mas Chico foi pego de surpresa: pegaram ele como se fosse catapora. Agora, o Aristides, eles já queriam prender desde abril/82, quando aconteceu o caso da fazenda Novo Mundo, onde houve até espancamento, colocando homens nus pendurados pelos pés e a cabeça para baixo, porque tinha havido uma morte de um pistoleiro. Já nessa ocasião é que tentaram acusar o Aristides. Não foi possível. Em agosto conseguiram".

Uma das posições de Aristides, eu previa o seu fim – ou preso ou morto –, era esta: "A gente tem que morrer em pé, morrer com dignidade".

Testemunho de um povo que ama

Durante muito tempo as pessoas de São Geraldo não ousavam levantar a cabeça ao cruzar com o pessoal da "casa paroquial". Aos poucos, porém, a verdade começa a tomar lugar nos corações. Já não acontece o mesmo com o pessoal da mata. Os lavradores, em número de dois mil, segundo uma testemunha do caso, queriam se manifestar em defesa, mas foram aconselhados pela própria Igreja a não interferir.

Mesmo porque, como nossa reportagem colheu informações *in loco*, afirmaram os lavradores: "Nóis não pode dizer nada. Não pode abrir a boca, porque em boca fechada não entra mosca. O pe. Aristides era muito bom para a pobreza daqui, muito honesto. Ele ajudava muito o pessoal; se tinha alguma coisa que o pessoal não sabia, ele tava pelo meio... Eu nunca vi o pe. Aristides convidá pra luta, eu nunca vi nada disso. Ele ajudava a resolver os problemas. Eu acho que não tinha merecimento pra isso, pra ser condenado".

Depois de conversar sobre sua necessidade de transporte para voltar para a mata, um lavrador chegou à janela e perguntou: "Tem notícia dos padres?". E acrescentou: "Eu não sei o que eles estão pretendendo. Não dá pra mim entender; eu sou um pequenino da roça, mas tenho raiva da injustiça. Eu conheço bem o pe. Aristides, ele batizou o meu filho. A massa do pessoal diz que ele não tem culpa. Eu só via eles pregá o Evangelho, o amor de nóis uns com os outros. Era o conselho deles que eu sempre ouvia no dia da missa. Eu não sei se os padres estão sofrendo muito, o que eu sei é que eles não são culpados".

Resultado de um bate-papo corajoso

Vivendo na esperança, que se fundamenta na vivência do Evangelho até às últimas consequências, pessoas da mata e da cidade que conviveram com os padres Aristides e Francisco, sobretudo com o primeiro, testemunham seu modo de viver, encarnar e pregar o Evangelho.

De dentro da casa paroquial, cercados pelo medo, mas também pela coragem de quem aprendeu o que Jesus ensina no Evangelho, nossa reportagem foi buscar "a verdade que vem do povo". Essa pouca gente sabe por que a "grande imprensa, em geral, é trelada com os latifundiários". Aqui os depoimentos. A omissão dos nomes é proposital para que os lavradores não viessem a ser perseguidos:

- O que mais o Aristides se esforçô na mata era pra criá comunidade de base. O maior sentido era que o povo congregasse junto e vivesse unido. Nisso dá o sentido de que ele encarnava o Evangelho, porque só o Evangelho faz as pessoas viverem em união uns com os outros. O modelo dele pregá o Evangelho fazia com que o povo vivesse em união. Muita gente interpreta mal isso, principalmente o povo do poder que nega o direito do povo e dos pequenos e acham que união que os padres pediam era para vencer a força maior; e isso era completamente diferente. A união que eles pediam era de viver na paz uns com os outros, viver o Evangelho e que isso traria uma força muito grande, uma esperança. Eu acho que viver a união é viver o Evangelho.

- O que os padres faziam na mata era baseado no Evangelho, porque a gente chegava nas comunidades mais fracas e o Aristides procurava ler os Atos dos Apóstolos, onde diz como os primeiros cristãos viviam; e dali ele partia para um sermão. Explicava a união. Ele procurava ler o Evangelho e interpretar nos dias de hoje. Procurava fazer com que o amor morasse no coração de cada pessoa, porque sem o amor não existiria a paz para os posseiros, como ele desejava.

- Acho que o que marcou muito foi ele dar apoio às pessoas, principalmente os mais necessitados, pessoas pobres como manda o Evangelho. Jesus veio para servir e não para ser servido. Todos são importantes, mas quem tinha mais precisão era quem não tinha nada, as pessoas fracas. Aí é que muitos grandes achavam ruim porque a gente dá valor ao pequeno. Eu acho que agir assim é encarnar o Evangelho, porque Jesus disse: "Vim para servir". Então, se os padres não fizessem isso, seria uma omissão, porque não estariam vivendo Evangelho. Quando Cristo entrou no mundo ele ficou no meio dos pobres, dos necessitados. Então, se a Igreja não ficasse do lado dos lavradores aqui na região, eu tenho pra mim que seria uma grande omissão.

- A convivência de Jesus com o povo, por ele ter ajudado o povo, questionado o sistema daquela época, e eles tomaram uma posição de matar Jesus. A posição dos padres, hoje, é a mesma de Jesus. Eu acho que se o Aristides fosse pregar o Evangelho sem ligar pro sofrimento do povo, ele estaria negando o verdadeiro Evangelho. Então, essa condenação despertou a consciência do povo. Agora é que chegou a hora do povo caminhar com fé, não é hora de esmorecer, porque a cada sofrimento do povo, aumenta mais a coragem e a fé.

- Dentro desse trabalho tão honesto, tão firme e duro do Aristides – quantas vezes eu vi ele com um saco nas costas, de "lambreta", molhado de lama (chinelo de dedo) – eu vejo que ele assumiu a posição de Cristo. E a posição de Cristo era que todos fossem iguais, todos comessem, todos bebessem... Era isso que o Aristides queria.

- Nesse caso da condenação dos padres, eu acho que as comunidades sofreram uma repressão muito grande, porque procura-se amedrontar o povo por um passado que já teve aqui. A maioria do povo, principalmente todos os posseiros que sofreram, continua firme. Nenhum posseiro enfraqueceu. As comunidades souberam reconhecer quem são os verdadeiros culpados. O povo aprendeu o Evangelho e já consegue fazer uma análise do passado. O amor que o povo tem pelo Aristides nunca consegue esquecer. Dentro de um deserto, de uma mata, de um sertão, onde a gente só ouvia conversa feia, vê chegar um padre pregando esperança tão viva, ajudando a formar comunidade, a gente teve aquela animação, aquela fé.

- O trabalho deve continuar sem medo, levado pela consciência de que o Aristides estava naquele compromisso com Jesus Cristo, que também foi preso e condenado... Cabe aos cristãos e a todas as comunidades não esmorecer, porque estão seguindo o Cristo.

Condenação dos padres e posseiros (1982)

(Nota da Conferência dos Bispos do Brasil)

O dia 22 de junho de 1982 foi dia de luto. O Conselho de Sentença do Exército da 8ª Circunscrição da Justiça Militar de Belém condenou os padres Aristides Camio e Francisco Gouriou e treze posseiros de São Geraldo do Araguaia. Quinze anos para o pe. Aristides, dez para o pe. Francisco, nove anos e oito anos para os posseiros. Soubemos também de muitas irregularidades ocorridas durante o processo. Temos plena certeza da inocência desses padres. Consideramos a sentença injusta e digna de repúdio. Os padres não praticaram incitamento sedicioso nem atentaram contra a Segurança Nacional. Certamente, muitos interesses estiveram por trás da decisão. Grupos radicais, incomodados com a ação pastoral da Igreja, encaminharam o processo de modo a chegar a uma condenação. Temos a convicção de que foi a ação pastoral da Igreja que esteve em julgamento.

Diversos bispos das várias regiões do país, presentes ao julgamento, foram prestar solidariedade aos padres, vítimas de tão grande injustiça. Nós, também, em nome do Evangelho reafirmamos nossa solidariedade a todos aqueles que, estrangeiros ou não, trabalham na ação pastoral, acreditam na dignidade da pessoa humana, educam para a consciência crítica, confiam na sabedoria e na capacidade do povo para se organizar e reivindicar seus direitos. Sustentamos a opção preferencial pelos pobres. Proclamamos, em especial, o direito dos pequenos lavradores à posse da terra e o direito de morar. As mensagens dos nossos documentos serão sustentadas mesmo diante da perseguição aberta ou disfarçada. Nesses documentos está clara a defesa dos pobres e dos pequenos contra as injustiças dos grandes e poderosos.

Este acontecimento confirma a necessidade de rejeitarmos a atual Lei de Segurança Nacional, que continua sendo usada em flagrante conflito com as normas fundamentais do direito comum e do bom senso. Urge modificar também toda e qualquer legislação que, pouco a pouco, foi sendo penetrada pelas exigências absolutistas da Lei de Segurança Nacional, particularmente a vigente Lei dos Estrangeiros.

Impõe-se uma Reforma Agrária que de fato faça justiça e reconheça os direitos fundamentais à propriedade da terra de quem efetivamente nela trabalha.

Que essas exigências não fiquem esquecidas, sobretudo num ano em que o povo é chamado à escolha de seus dirigentes pelo voto.

O Cristo Ressuscitado é o Senhor da História. Ele acompanha nossos passos e nos dará a força de plantarmos sementes de justiça, reconciliação e paz, que fundamentam a verdadeira segurança do povo brasileiro.

Julgamento dos padres franceses (janeiro de 1983)

O julgamento da sentença de Belém (PA), em dezembro 1982, sobre os padres franceses, pelo Superior Tribunal Militar, já faz parte da história não só da Igreja como também da história do Brasil. Nossa reportagem, que já havia publicado várias matérias sobre a questão do Baixo Araguaia, esteve presente no julgamento, a pedido de d. Luciano Mendes de Almeida (secretário da CNBB), e gravou o julgamento (os cassetes iam ser levados para os padres franceses, na prisão, uma vez que eles não estavam presentes no julgamento). Nesta reportagem, resumimos a sentença, o conteúdo principal da defesa e o subjacente – modelo de Igreja e de pastoral julgado e condenado.

Depois do espetáculo inominável que se realizou na auditoria de Belém (PA), com um aparato de força indescritível, um policiamento ostensivo, isolando várias ruas próximas à auditoria, e os lugares das pessoas que permaneceram vinte e quatro horas na fila, ocupados por agentes da polícia, o julgamento do recurso à sentença de Belém, realizado em Brasília pelo Supremo Tribunal Militar (STM) a 2 de dezembro 1982, desenvolveu-se com certa tranquilidade.

Apesar das 22 horas – o mais longo julgamento do STM –, o auditório de duzentos lugares esteve completamente ocupado por religiosos, sacerdotes, bispos, agentes de segurança e representantes das CEBs. Por várias vezes o plenário precisou conter-se diante de acusações ou de afirmações como a do procurador-geral junto à Justiça Militar – Milton Menezes da Costa Filho –, ao dizer que não se encontrava no tribunal para acusar membros da gloriosa Igreja Católica Apostólica Romana "porque há atividades eclesiais que respeito, mas que, tenho a impressão, interpretam erroneamente as conclusões de Puebla".

Diante dos risos não contidos da plateia, a intervenção do ministro-presidente – brigadeiro Fábio Cintra – ameaçando mandar evacuar a sala, pois avisara que não admitiria nenhum tipo de manifestação, fez-se de forma enérgica. E o procurador-geral continuou bastante exaltado: "Devia a opinião pública chorar ao invés de rir" e "acredito que os verdadeiros católicos jamais ririam num julgamento desse jaez". E, mais adiante, chegou a duvidar do ministério de Francisco e Aristides: "Eu nem sei se eles são sacerdotes...".

Penas reduzidas, segundo o STM

"Com relação ao pe. Aristides, por maioria condenado a dez anos. Com relação ao pe. Gouriou, por maioria, condenado a oito anos. Com relação aos posseiros, foi mantida a sentença por oito anos. Com isso está encerrada a seção."

O silêncio na sala era perfeito. No rosto de todos, inclusive de jornalistas, que se juntaram na frente para ouvir bem a sentença, as marcas do cansaço, a reunião das últimas forças para acreditar na esperança de ouvir outras palavras, que não a condenação.

Entretanto, a sentença não soou como grande novidade para os que assistiram ao julgamento, depois de terem ouvido, em gravação, durante cinco horas, o relatório "extremamente cansativo e muito detalhista" do ministro Reinaldo Melo de Almeida, baseado, sobretudo, em *depoimentos colhidos da polícia*, demonstrando como os dois padres se envolveram nos conflitos de terra na região do Baixo Araguaia. No relatório, ficou evidente a acusação principal: a de incitamento dos sacerdotes aos posseiros contra o pessoal do GETAT (Grupo de Terras do Araguaia e Tocantins), além da demorada análise de folhetos e apostilas encontrados na casa dos padres, que, segundo o ministro-relator, é de conteúdo marxista-leninista. (Lembro na ocasião, inclusive, a acusação de que os padres diziam ou escreveram a frase "depôs do trono os poderosos"; ao que foi respondido pela defesa que se trata de uma frase do cântico do *Magnificat*, no Evangelho de Marcos...)

Após a leitura do relatório (cinco horas), a palavra esteve com o procurador-geral junto à Justiça Militar. Em seguida, com o advogado dos posseiros – Djalma de Oliveira Faria – e com os dois advogados de defesa dos padres – Luís Eduardo Greenhald e o prof. Heleno Fragoso.

Às 23h, o ministro-relator iniciou seu voto com a "Introdução ao voto", terminando somente nas primeiras horas do dia 3, depois de longas explicações sobre: o GETAT – finalidade e vinculação com o Conselho de Segurança Nacional; consideração sobre a CNBB e atuação da Igreja no Araguaia – leu o currículo e o contrato missionário de cada padre acusado; e a descrição da emboscada "articulada pelos dois sacerdotes apelantes".

Entretanto, na hora de votar, os ministros, na sua maioria, estavam confusos, afirmando não conhecer o processo. Seguiu-se um tempo para perguntas e dúvidas. Os próprios ministros do STM acabaram por pedir esclarecimentos. "Estamos votando a preliminar?"

Já no final do julgamento, os ministros Bierrenhach e Godinho manifestaram-se pela incompetência da Justiça Militar; portanto, os posseiros e pe. Aristides Camio deveriam ser julgados pela Justiça Comum. Ambos absolveram o pe. Francisco Gouriou por insuficiência de provas. No final, quatro ministros absolveram Gouriou. Decidiu-se pela maioria (10x4) e suas penas foram apenas reduzidas.

Ortopedia legal:
"Vamos encontrar um crime para esses padres..."

"Foi sempre assim a história desse processo. Esse processo é a história de uma farsa judicial", disse um dos advogados de defesa dos padres, Luís Eduardo Greenhald. Após afirmar que a defesa, desde o início, contou com uma acusação oficial e outra particular, discorreu sobre algumas contradições contidas no processo, concluindo seus vinte minutos de defesa com o seguinte: "O tribunal é chamado a restaurar a verdade da prova processual porque estão querendo instrumentalizar a Justiça Militar Brasileira para interesses espúrios. E creio que esse tribunal não vai servir de instrumento para esses objetivos espúrios".

"Não se sabe o que o pe. Gouriou fez. Percebe-se neste processo o propósito de montar e ressuscitar uma acusação coletiva, como se o padre, por ser padre e estar acompanhando um outro, devesse por isso sofrer a acusação e a condenação."

Heleno Fragoso demonstrou, também, artificialismo na acusação dos padres como incitadores aos posseiros. O que se pretendia atribuir a eles, na realidade, era uma incitação subversiva absolutamente inexistente. "Mostrou-se uma acusação por instigação à desobediência coletiva às leis e à luta da violência entre as classes sociais, que não resiste à mais leve análise. Procurou-se fazer uma ortopedia legal: 'Vamos encontrar um crime para esses padres. E o crime é esse de incitação à desobediência coletiva das leis'. Entretanto, pergunta o advogado: 'Em que consistiu a incitação? Em quê?'".

Demonstrando a exortação que a união que os padres pregavam não constituía ação delituosa, menos ainda instigação e incitação subversiva como se tentava provar, a defesa enfatizou a "ortopedia legal" para significar que a acusação contida no processo era artificial e não possuía a materialidade a uma instigação com propósitos políticos subversivos. Razão pela qual, afirma Heleno Fragoso, não houve ação atentatória à segurança do Estado.

Dimensão social e política na missão da Igreja

Acrescentou ainda como positiva a votação diferente da situação de Belém que receberam os padres, enquanto redução de pena e pedido explícito de quatro ministros para a absolvição do pe. Francisco e a oportunidade de incluir pe. Aristides na preliminar da incompetência do STM. "Isto constitui uma base para compreendermos que houve um progresso no sentido da prova da inocência e a consequência da absolvição dos padres. Na consciência popular, sem dúvida, a absolvição é um fato, falta, sim, aquela que é de domínio público."

A expressão de uma Igreja que não está condenada, explicitamente utilizada pelo procurador-geral Milton Menezes, afirmando estarem sendo condenados dois padres pelo seu procedimento pessoal e pela agitação que criaram na área de São Geraldo do Araguaia (tocou com profunda insistência na dimensão política e social da missão da Igreja, pela demonstração do tipo de atuação e dos gestos dos padres).

Segundo d. Luciano, é necessário esclarecer que a Igreja tem consciência de sua missão de evangelizar, isto é, de anunciar a Boa-Nova através dos tempos.

"Essa missão de evangelizar, como Paulo VI explica na *Evangelii Nuntiandi*, inclui uma dimensão social e, consequentemente, política. Dimensão social porque o anúncio da Boa-Nova apregoa que os homens, filhos do mesmo Pai, devem se amar como irmãos. E esse amor, para ser efetivo, implica um relacionamento de serviço ao irmão e de promoção de sua pessoa. Por outro lado, as mudanças vigentes e corajosas no relacionamento humano, na dimensão social, só podem ser alcançadas através de dispositivos, de iniciativas e de diligências políticas. O que se procura é uma verdadeira transformação da sociedade injusta para uma sociedade solidária e fraterna. Assim, é necessária a mediação política para a instauração das verdadeiras metas sociais."

Estabelecido o divisor das águas, a primeira consequência em termos de pastoral da Igreja, segundo d. Luciano, é a evidência de que, hoje, as interpretações do Evangelho que a Igreja faz a respeito de si mesma e a visão que um grupo de autoridades do país tem em relação à ação e à missão da Igreja, são visões não coincidentes.

Longe de tal realidade causar admiração, o bispo afirma que se trata de um desafio para a própria dimensão evangelizadora na Igreja e que deve contar com a colaboração de todos para a divulgação adequada da missão que a Igreja reconhece possuir.

Novo julgamento dos padres e posseiros (12/1983)

O Supremo Tribunal Militar decidiu por maioria de votos rejeitar os embargos apresentados pelos advogados dos 13 posseiros e padres Aristides Camio e Francisco Gouriou, acusados de praticarem crimes contra a Segurança Nacional. O julgamento começou às 9h do dia 20 de outubro de 1983, no STM, com a leitura do acórdão anterior pelo ministro-relator brigadeiro Fáber Cintra.

A seguir a palavra esteve com Djalma Farias, advogado de seis dos 13 posseiros que, em vez de defendê-los, levou avante a sua tese de acusar os sacerdotes. A defesa dos sete posseiros que escolheram novos advogados, em lugar de Djalma, foi apresentada por Deusdedith Freire Brasil e José Sepúlveda Pertence.

Luís Eduardo Greenhald e Heleno Fragoso, advogados dos padres, demonstraram mais uma vez que a denúncia contra pe. Francisco é inepta e que pe. Aristides exerceu uma missão de acordo com a pastoral da Igreja, em favor dos lavradores, cujos direitos estavam sendo violados. Fragoso terminou lembrando o erro judiciário da condenação de Cristo e pedindo que o erro não fosse repetido no atual julgamento.

A declaração dos votos deu-se a portas fechadas, a pedido do ministro-relator. Os juízes, por sete votos contra seis, concordaram com a proposta. Após 2h40min, a porta foi reaberta e o presidente do STM, almirante Sampaio Fernandes, leu a sentença: "Por maioria de votos, o Tribunal decidiu rejeitar os embargos. Está encerrada a sessão".

Julgada a pastoral da Igreja

Apesar da tristeza do momento, o presidente em exercício da CNBB, d. Benedito de Ulhoa Vieira, manifestou esperança: "Quem assistiu a todo o julgamento

COMUNICAR A MEMÓRIA

manteve no coração a esperança de que todos fossem soltos, porque a defesa foi brilhante e, a nosso ver, irrefutável. Foi realmente um momento histórico que a Igreja do Brasil viveu de maneira intensa, cheia de esperança e cheia de dor. Mas temos certeza de que Deus, que é o Senhor da História, está conosco".

Por sua vez, d. Luciano Mendes, secretário-geral da CNBB, comentou o resultado: "Todos esperavam, pelo brilhantismo da defesa, que os embargos fossem acolhidos e a inocência reconhecida. Mas esta alegria foi adiada porque a verdade virá a se manifestar e a confiança em Deus permanece, na expectativa de que o STF reconheça a força dos argumentos de defesa".

D. João Batista, arcebispo de Vitória: "Tenho para mim que não foram os padres Aristides e Francisco que foram julgados, mas, sim, a pastoral da Igreja no Brasil, na sua atitude de defesa dos pobres".

O advogado Paul Bouchet, enviado pela Federação Internacional dos Direitos Humanos, se disse "estupefato" com a sentença. Estiveram presentes ao julgamento sete bispos brasileiros, o representante da Anistia Internacional, Peter Klein, Cândido Mendes, membro da Comissão de Justiça e Paz, e diversos parlamentares, inclusive o presidente do PMDB, Ulisses Guimarães, que manifestou sua discordância da sentença. "Tenho o maior respeito pela decisão do Tribunal, mas quero exercer o meu direito democrático de discordar profunda e radicalmente da orientação que rejeitou o recurso dos padres e posseiros."

Camio e Gouriou e os posseiros recorrerão ao Supremo Tribunal Federal, assim que for publicado o acórdão.

"Não tenham medo de ser irmãos" (1984)

Padres franceses

Assumindo os riscos de uma fidelidade ao Evangelho, que proclama a todos o dever de serem irmãos, nossa reportagem seguiu o anúncio da verdade e da justiça, acompanhou a trajetória dos fatos referentes aos padres franceses e posseiros do Araguaia, vítimas da conhecida "emboscada" em São Geraldo do Araguaia.

Num primeiro momento, logo após a condenação, nossa reportagem esteve em São Geraldo, conversou com os lavradores e publicou *A verdade que vem do povo*. Num segundo momento, a reportagem trouxe a situação socioeconômica e política de onde aconteceu o fato, publicando *Conceição do Araguaia: o grito do homem sem terra*. Em dezembro de 1982, nossa reportagem esteve presente no julgamento de 22 horas sobre a "Sentença de Belém", realizado em Brasília. Em dezembro de 1983, publicamos a confirmação da pena *Novo julgamento dos padres e posseiros*.

Na impossibilidade de entrevistar os posseiros, nossa reportagem entrevistou os padres franceses, já em liberdade, falando sobre a vivência de quem experimentou a prisão. E com voz embargada, emocionada, mas cheio de coragem, fé e esperança, pe. Francisco Gouriou responde, a seguir.

Presos em nome do Evangelho

Puntel – O que significou para vocês o tempo de prisão, sabendo-se inocentes?

Gouriou – Acho que a primeira coisa clara sobre esse tempo de prisão para nós é que foi um tempo difícil. É uma coisa que a gente não deseja para ninguém. Por outro lado, a gente nunca ficou revoltado, mesmo sendo condenados com penas de quinze e dez anos de prisão, sendo inocentes. Nunca ficamos revoltados porque a prisão, justamente, tinha um significado muito profundo para nós, era um serviço à Igreja. E tentamos nos colocar nesse serviço da maneira melhor possível, sob a orientação do bispo, da CNBB, sob a orientação dos documentos como Puebla e outros, sabendo mesmo que isso poderia ter consequências difíceis. Mas quem se coloca a serviço da Igreja sabe que a coisa não é sempre fácil.

Nós não gostaríamos de ser considerados como heróis ou outra coisa parecida, porque nós fizemos simplesmente nosso trabalho; aceitamos as consequências desse trabalho como sendo nosso serviço. Isto é uma coisa muito normal. Foi justamente porque a nossa prisão fazia parte desse serviço que eu, pessoalmente, usei a palavra ministério, ou seja, preso em nome do Evangelho. E a gente tentou fazer isso mesmo: fazer desse tempo de prisão um ministério a serviço da Igreja. Acho que foi útil para a Igreja do Brasil. Eu sei que d. Ivo, em declarações feitas na França, disse que a nossa prisão fez progredir em muitos anos a Igreja no Brasil. Não sei se isso não foi um pouco exagerado, mas, se realmente serviu para isso, a gente agradece a Deus o nosso ministério de presos políticos em nome do Evangelho.

Puntel – O que lhes deu ânimo e coragem durante aquele tempo?

Gouriou – Penso que a primeira coisa que nos deu ânimo e coragem foi justamente o fato de saber que estávamos realizando um serviço da Igreja, estávamos cumprindo o nosso dever.

E mais do que isso, talvez, o fato de que esse ministério, de que eu falava, preso em nome do Evangelho, era reconhecido pela grande maioria, senão maioria absoluta da Igreja do Brasil. Muitos chegaram a falar em testemunho profético, que éramos profetas e agradeciam o testemunho. Num primeiro momento eu achei que isso era demais, que já era colocar nossas pessoas sobre os altares, como santos; e a gente sabe que não é melhor que os outros. Mas fomos percebendo que, quando os cristãos brasileiros agradeciam pelo nosso testemunho profético, eles estavam reconhecendo o motivo de nossa luta, de nossa ação pastoral, ligada à diocese de Conceição do Araguaia, em conexão com a pastoral da Igreja do Brasil, que fez a opção pelos pobres e que se coloca ao lado dos oprimidos. Então, esses cristãos se reconheciam lá dentro e sabiam que assim era o certo. E que, portanto, a gente, pelo mesmo fato, se achava nessa caminhada. Por isso que as centenas de milhares de cartas, de testemunhos que a gente recebeu, nesses dois anos e quatro meses de prisão, nos deram muito ânimo e coragem: ali estava o reconhecimento de um serviço que estávamos prestando à Igreja.

Puntel – O que vocês entendem por fé e esperança? E como elas podem amadurecer com os sofrimentos da vida?

Gouriou – Acho que os sofrimentos da vida fazem amadurecer qualquer pessoa. E se não amadurece, ela quebra. E diante de qualquer dificuldade em que se encontra a pessoa, ou quebra, ou amadurece; ou sai machucada ou sai fortalecida.

Sinceramente, nessa prova difícil da prisão – como eu dizia, que não desejo para ninguém –, acho que tanto o Aristides como eu saímos fortalecidos na fé e na esperança. Na fé, porque acreditamos cada vez mais que o homem, feito à imagem de Deus, o homem que foi assumido pela encarnação de Jesus, acreditamos que o homem unido a Jesus, seguindo a Jesus, será capaz de fazer este mundo melhor. Essa é a nossa esperança, também. Acho que a esperança cresce cada vez que se faz a experiência do sofrimento, a experiência da opressão.

Durante o tempo de prisão, a gente se sentiu "farinha do mesmo saco", como costumam dizer. Sentimo-nos mais unidos a todos aqueles que são oprimidos no Brasil. E nós nos fortalecemos, participando da mesma experiência. Sentimos que a esperança da vitória cresceu. E saímos fortalecidos na fé e na esperança.

"Temos um Pai, somos filhos, somos irmãos"

Puntel – O que significa evangelizar?

Gouriou – Para responder a esta pergunta, necessitaria de livros e livros... E mesmo depois de ter refletido que esse tema é a nossa razão de viver – isso durante 28 meses –, a gente não poderá esgotar uma questão tão importante.

Mas, para resumir – se é que se pode resumir –, eu diria que *evangelizar* é mostrar, claramente, que temos um Pai, que somos filhos e, sendo filhos, somos irmãos. Essa filiação nossa com Deus cria a fraternidade, cria a comunidade. Essa comunidade é a esperança. Mais do que esperança, ela é o início da nova sociedade que o Evangelho chama de Reino de Deus e a liturgia chama de Reino de Justiça e de Paz. Reino de Amor e de Liberdade.

Acho que evangelizar é isso: dizer ao homem que, qualquer que seja sua situação, sua posição social, seu sofrimento, ele tem possibilidade de entrar nessa caminhada, nessa corrente de fraternidade, de comunidade, de sociedade nova, de criação do Reino de Deus. E gostaria de dizer: "Não tenham medo! Tenham esperança!".

MISSÕES EM TEFÉ:
o desafio para libertar o homem

REPORTAGEM E FOTOS: JOANA T. PUNTEL

Prelazia de Tefé-AM. O desafio da missão de ajudar a libertar o homem (1980).

A ação missionária na prelazia de Tefé, à beira do Solimões, testemunha a vitalidade das missões "renovadas" que se espalham por muitas outras extensões ribeirinhas no Amazonas.
Desafiando todo tipo de obstáculo, a Igreja de Tefé se questiona e busca continuamente a razão e os objetivos de sua existência missionária, através de assembléias, realizadas anualmente com todos os agentes de pastoral da região.
Duas grandes opções definiram, recentemente, a evangelização libertadora das missões na prelazia, segundo Puebla. E constituirão o marco para a ação pastoral dos próximos anos, através das florescentes e vigorosas comunidades eclesiais de base: preparar a Igreja nativa e estar ao lado dos pobres — índios, seringueiros... ▷

Foto da autora

A força revolucionária da paz.
Dom Helder Camara (1984).

Reportagem

HELDER CAMARA
O "REVOLUCIONÁRIO" DA PAZ

DOM HELDER CAMARA — 75 anos de vida, meio século de sacerdócio.

Nesta reportagem, os desafios da trajetória de d. Helder como bispo.

O preço alto de suas opções pelos pobres e coerência evangélica. D. Helder, hipotecado pela "segurança Nacional" e considerado ao mesmo tempo, D. Helder, a profecia da paz e da não-violência. D. Helder, "todo dos pobres" — Helder, segundo João Paulo II.

"Eu sou 'Dom'" — diziam as autoridades militares, na década de 70, quando alguém na imprensa saía em defesa de d. Helder. Como se o "Dom" fosse o maior dos pecados. O governo brasileiro acusava d. Helder por haver tido coragem de denunciar as atrocidades cometidas em nome das autoridades. D. Helder denunciava ao mundo, desde seus tempos do Rio de Janeiro, a miséria dos subúrbios, a mísera repartição das condições da vida, a hora em que meninos e meninas morriam por inanição à margem dos caminhos. Seus discursos, no exterior, eram apreendidos pela polícia e que gostaria de ver silenciada a sua denúncia, que assustava os ricos poderosos que só miravam as aparências.

Mas, Bispo, Bispo tem esse compromisso com a Palavra. E cumpre!

Em 1970, nas Bermudas, no exterior, d. Helder denunciou a tortura aos presos políticos no Brasil. Disse o que tantas outras vezes havia repetido: "Os Estados Unidos têm que se persuadir de que sua segurança econômica, militar, política não reside em apoiar regimes militares de direita, que pretendem livrar seus países do comunismo, mas que asseguram a estabilidade do poder público, e calcando a massa dos povos oprimidos".

Imediatamente veio da Igreja três respostas. D. Helder é uma das vozes contra as torturas no Brasil. Mas, como o governo ameaçava sempre, d. Helder repetia, repetia, inflexível. Governo militar ameaçava-o, até mesmo a morte, dizendo aos emissários, quando d. Helder saía em viagem: "É uma pena que sofra um desastre e nem ao menos possa voltar para o Brasil".

"As pessoas te pesam?
Não as carregues nos ombros.
Leva-as no coração"

E o próprio d. Helder, sem mistério algum, define a si mesmo em resposta à uma pergunta: "D. Helder é uma criatura humana, como todas as criaturas humanas, na chamada vida de missericórdia de Deus. É uma coisa que sempre me impressiona: que bilhões de outras criaturas podiam ter nascido no meu lugar e eu, que a gente vê como uma criatura humana, devo essa gratidão imensa a Deus me ter chamado à vida. Depois, devo uma segunda gratidão, a de que Deus me tenha agraciado com o ensejo de Ser humano a graça da vida, além da graça da vida cristã, ainda foi chamado ao sacerdócio".

A FORÇA DO PROFETA

No Palácio?

Não! Dom Helder mora nos fundos da Igreja Sem Fronteiras, no Recife. É a moradia mais modesta e natural de aquiparoingada, numa simples porta de madeira. Ele se movimenta em duas pequenas salas, dorme num pequeno quarto. Pessoa franca, Nessa catedra plantada, que foi pilhada e carregada restaurada em de uma vez, mora o arcebispo de Olinda e Recife. Aí ele abre a porta a qualquer hora da madrugada, para quem bate, sem mesmo perguntar antes "quem é?".

Aí ele atende o telefone, usualmente de além mar, convidando-o para palestras no Exterior. Ali, também, ele recebe amigos e de alguns, a amizade de muitos anos. A casa é pobre e da maneira mais plena. "Não há poder do mundo, a não ser o que emana de mim".

D. HELDER CAMARA ARCEBISPO DE OLINDA E RECIFE

Cearense, de Fortaleza. Nasceu a 7 de fevereiro de 1909.

Consagrou-se 30 anos de padre em 1981.

Em 1936, foi transferido para o Rio de Janeiro.

1952, foi nomeado bispo auxiliar do Rio de Janeiro.

Organizador e secretário geral do XXXVI Congresso Eucarístico Internacional.

Participou da fundação da CNBB e foi seu primeiro secretário-geral.

Fundou a Cruzada S. Sebastião para os favelados do Rio de Janeiro e o Banco da Providência.

Participou do Concílio Vaticano II, de Medellín, e Puebla.

Detentor de vários prêmios e condecorações nacionais e internacionais, já teve seu nome cotado para o Prêmio Nobel, além de mais de doze prêmios — como o Popular da Paz (na Noruega).

Recebeu mais de 80 convites por ano de entidades estrangeiras de toda a parte do mundo, para proferir conferências. Já escreveu mais de dez livros e centenas de artigos.

Definir d. Helder é algo muito difícil. Há inúmeras facetas brilhantes. Ao contemplar uma, pode-se perder de vista o conjunto. Trata-se de escolher. Mas como escolher, se em d. Helder Família Cristal não consegue nada, esta nossa homenagem a d. Helder, nos seus 75 anos de idade (sem falar exatamente em sexagenário, como monumento), com apenas pretendemos apresentar ao nosso leitor, algumas das suas facetas que o arrebataram, conforme todos os bispos ao chegar ao seu eleito, à pedir a sua reverência, a João Paulo II. Mas como afirma d. Helder, como sempre: "O arcebispo mais da Sé que dela"; o papa pode esperar o assunto. Prefere, então, devirar de tudo, os aspectos polêmicos da vida de d. Helder, já tão anunciados aqui e acolá.

Povos indígenas, nossos habitantes primeiros,
ainda seres descartáveis? (1984)

Reportagem

ÍNDIO UM SER DESCARTÁVEL?

JOANA T. PUNTEL

"Um dia faremos o V da vitória", disse Marçal Tupã-Y-Guaçu, assassinado em defesa dos índios. Que o grito de Marçal, e nele o de todos os indígenas, seja ouvido na comemoração do Dia do Índio — 19 de abril.

A situação dos indígenas no Maranhão leva a sociedade a perguntar-se, se o índio é um ser descartável. E, ainda, a reflexão sobre a TERRA como vida, chão cultural e histórico dos índios. Em tudo isso, o apelo da solidariedade com aqueles que Puebla evidenciou como "os mais pobres entre os pobres".

É bem provável que muitos jovens e crianças (e até adultos) nada saibam sobre os índios, embora a Novela Vida (canal 4) da Rede Manchete, em abril de 1983 e 1984, durante uma reunião da Sociedade Internacional Indigenista, se estenda a todo o Continente.

É a probabilidade se transforma em certeza, quando se trata de uma pesquisa, em conclusões apócrifas em "minha presença nunca falou sobre a situação do índio: "eles viviam no Brasil antes da chegada dos portugueses"; antes, viviam livres, porque trabalham tirar com armas fortes e com o fim das escolas, andavam nus". "Procuram sem armas, andavam nus e tinham o corpo coberto de peles" ("O Estado de S. Paulo", 19/4/83). E há os mais convictos conhecedores, "conhaço o índio e estudei o do Xingo"; o índio só olha para o caso do dia de seus pais"; "ainda os que, ao pensar em índio, só guardam a lembrança de tererm ouvido que são selvagens e, por isso, sem rumo".

Tudo, certamente, ainda permanece confinado a aspectos folclóricos, artísticos — por ocasião da Semana do Índio; talvez, até como uma "figura brasileira" de lá, ou é mencionado pelo fato rato, que os livros escolares dão se conta de que os índios existem. Neste sentido, a CNBB promete-se, denunciando que "estes livros falam dos índios sempre no passado, como se não existissem algum" Dizem que ainda sobrevivem alguns grupos, mas adiantam dizer-se o entender que, estão adiantada processo de extinção". "Os livros didáticos aos alunos, por mais não, mais cedo ou mais tarde, devem integrar-se na massa civilização, devem deixar de ser "Historias oficial das índias como inimigo da coloniação, responsáveis pelo fracasso das Capitanias, devido aos ataques e alentados aos mourões".

A visão estereotipada sobre o índio, conforme a prof. Maria Vidira Machado Granieri, artista plástica que desenvolve ampla pesquisa no campo, é a TV que contra com um "aliado" — o livro di-

Ilha do Marajó. Missão: desenvolver as capacidades humanas e espirituais, à beira da mata (1981).

Macapá-AP. Deus continua presente com seu povo (1981).

RELIGIÃO POPULAR NO SERTÃO NORDESTINO

Por Joana T. Furtel

O impasse da religião popular, no sertão nordestino, apresenta-se fortemente acentuado. Não só porque esse fato gira em torno de fr. Damião — missionário que há missões desde 1930, arrebanhando grandes multidões, mas é figura decisiva na história do catolicismo popular do Nordeste.

Nesta entrevista com Abdalaziz de Moura — pesquisador do "fenômeno Damião" no Nordeste —, FC evidencia o posicionamento religioso das massas, bem como a explicação de todo o envolvimento no missionário a partir do povo, que busca uma avaliação ou ordenação a fr. Damião.

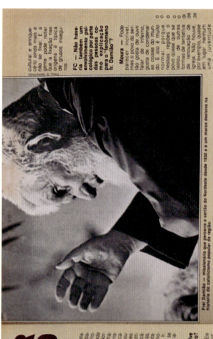

Frei Damião, missionário no sertão nordestino.
Hoje, no processo de canonização, foi declarado venerável (1981)

Foto da autora

Gente cansada, perdida, que chega à cidade em busca de sobrevivência (1983).

O povo indígena continua, ainda hoje, o clamor:
"Queremos viver" (1985).

Alfredinho. Ele teve a coragem de "subir a Jerusalém" = "Subir ao Nordeste" e, ali, se entregar à causa dos pobres (1985).

A missão vivida através da prática de gente corajosa que gasta a vida pelo Reino de Deus, nos rios e na floresta amazônica (1985).

Foto da autora

A missão leva missionários ao encontro de pessoas,
muitas vezes distantes. As pessoas esperam o Reino de Deus acontecer.
Assim já era a ação missionária em São Gabriel da Cachoeira
(Rio Negro) (1975).

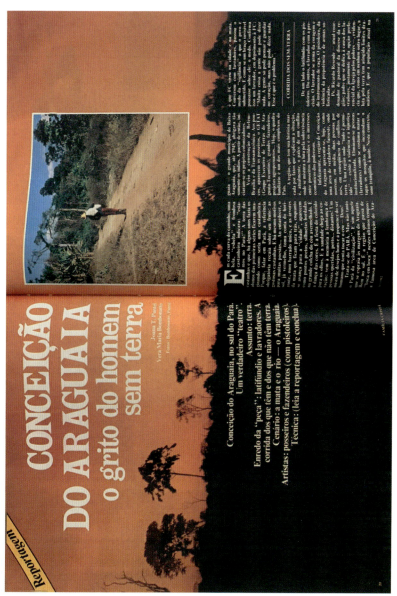

Conceição do Araguaia (Sul do Pará), palco de tantas histórias de desespero e de esperança (1982).

Foto da autora

O "famoso soldado da borracha", ainda na década de 40 em diante, atraiu o nordestino Chico aos seringais da Amazônia.
No Acre, Chico viveu a coragem de quem não se deixa levar pela desilusão. Mas sofreu. Doeu muito. Sobreviveu (1980).

UM POUCO DE DEUS NO CORAÇÃO DAS PESSOAS

(MISSÕES NO ALTO SOLIMÕES –
SÃO PAULO DE OLIVENÇA-AM – 1985)

*Na celebração dos 75 anos
de presença missionária dos padres capuchinhos
no Alto Solimões, nossa reportagem aborda o tema missão,
vivida através da prática de gente corajosa
que gasta a vida pelo Reino de Deus,
nos rios e na floresta amazônica.*

Cinco horas da manhã. O "São José" (barco da prelazia) começa a vencer as correntes do Rio Solimões, deixando para trás a cidade de Tabatinga – a primeira no itinerário da viagem. Acompanha-o o nascer do sol sobre as águas, as duas alas intermináveis da floresta amazônica. Pelas águas barrentas do Solimões, o "São José" para aqui e acolá. E sobem os missionários. Cada um trazendo consigo o povo que acena na beira do rio uma saudação de despedida. É que o missionário, com sua vida de doação contínua, pertence ao povo. Ele é pai, mãe, irmão, pastor, amigo, aquele que ama as pessoas com um amor desinteressado, gratuito. E o povo sabe, sente e reconhece que o missionário é aquele que deixa tudo – família, bens – para pertencer às pessoas. A essas que estão ali, na beira do rio para saudá-lo.

E os missionários se encontram. É uma vez por ano. Vão para a sede da prelazia em São Paulo de Olivença, onde realizam a assembleia anual – o objetivo é reabastecer-se espiritualmente, renovar-se quanto às diretrizes da evangelização da Igreja no Brasil e planejar as futuras atividades pastorais.

Nossa reportagem está no barco. Testemunha cada encontro. Alguns não se veem há um ano. Ou mais. Primeiramente a alegria do encontro. Um abraço "quebra-costela". A admiração ou a "zombaria" ao observar que a barba ficou mais branca, que a camisa bonita, mas única, está amarrotada porque tirada da mala somente para essas ocasiões. E, juntamente com os missionários, sobem cachos de banana para a alimentação do grupo, peças de máquinas para consertar na cidade que tem mais recursos... Enfim, cada um aproveita o raro meio de transporte, além da canoa, para "socorrer" as necessidades das comunidades.

Depois da troca de notícias, alguns matam a saudade de jogar uma canastra, pois a viagem é de dois dias. Outros se entregam à leitura. Há meses não veem uma revista, um livro mais atualizado. O barco leva a correspondência, chegada a Tabatinga. Alguns passam longo tempo sobre as cartas – talvez da família, de amigos da distante Itália. O semblante, ora convertido em sorriso, ora concentrado, com os olhos marejados de lágrimas (escondidas), evidencia a saudade, a alegria ou preocupação por alguma notícia. Há também os que cantam e fazem brincadeiras. E há os que têm "fome" de atualização, de pôr-se em compasso com o mundo – sentam-se e não largam as revistas.

Nossa reportagem os contempla. Trata-se de pessoas, algumas já passando dos 60 anos. A média é dos 45 em diante. Rudes aparentemente. A selva, o trabalho bruto com a natureza deixam as mãos calejadas e grossas. Um tem o dedo cortado. Outro, o olho machucado. Um terceiro está doente. Outro sente o peso de várias malárias. E, assim, ali vão pessoas que, naquelas florestas, exercem a profissão de padre, médico, professor, engenheiro, dentista, construtor, e por aí afora. Aos poucos, descobrimos a grandeza de alma dos missionários. Talvez a falta de contato com as pessoas do "outro mundo" acabe deixando marcas de uma rudeza imposta. Devagar, emerge a grande humanidade que existe em cada um e que se manifesta na simplicidade e no amor, próprios de quem se decidiu seguir a exigência máxima para a vida missionária: amar sem limites.

Quem são esses missionários?

Trata-se de missionários capuchinhos que, neste ano (1985) completam 75 anos de presença no Alto Solimões. Em 1910, as missões foram confiadas aos padres capuchinhos da Umbria (Itália), que, no decorrer de todos os anos, enviaram sacerdotes para as missões naquele local. Definindo o que significa missão capuchinha, fr. Gino Alberati, com larga experiência vivida nas missões, explica que, herdando o espírito de São Francisco, significa dar testemunho da vida evangélica de Cristo: "Jesus reuniu alguns e andava de um lugar para outro, pregando a Boa-Nova, sobretudo, com a presença".

Os primeiros tempos de missão caracterizam-se pelo aspecto das "desobrigas" – o missionário passava e realizava as funções religiosas que tirava ou satisfazia a "obrigação" mediante o cumprimento dos atos religiosos. Para cumprir as "desobrigas", os missionários realizavam grandes andanças pelo rio Solimões sempre em canoas, remando o tempo todo e levando vários dias para chegar a alguma família, à beira do rio, uma vez que ainda não havia cidades. Alguns deles deixaram suas vidas nas águas do Solimões, pois viviam expostos às intempéries do tempo, em condições precaríssimas de transporte e alimentação.

Após dez anos de andanças, os capuchinhos começaram a se fixar em alguns locais. E o primeiro foi Benjamim Constant, na época um pequeno sítio. Ali construíram um barraco, uma pequena escola e iniciaram a distribuição de remédios. As pessoas começaram a se juntar, a organizar melhor a escola, o atendimento médico, e surgiu a cidade. E, assim, ao longo do Solimões, várias cidades nasceram ao redor da Igreja, por causa da missão.

As missões da primeira hora, no Alto Solimões, como era comum em toda a Igreja, foram centradas na sacramentalização. "Os missionários, entretanto, faziam um pouco de tudo: professor, médico, conselheiro, confessor...", diz fr. Gino. Em 1943, os missionários não tinham o costume de preparar-se para as missões (postura essa já ultrapassada!). Por isso, fr. Roberto Cialoni, missionário já velhinho, testemunha: "Eu vinha preparado para ver cada índio com a flecha apontada para mim; cobras em todo canto, mosquitos etc. Achei tudo contrário a minha fantasia. Quando cheguei, é claro que havia problemas, dificuldades, mas fiquei surpreso com a piedade do povo".

Entretanto, se em muitos aspectos o missionário cumpria ordens e até as impunha sobre outros, revelava também uma mentalidade aberta diante de circunstâncias de emergência, conforme o depoimento de fr. Roberto, que, por várias vezes, se emociona até as lágrimas quando fala das missões, especialmente dos seus prediletos – os hansenianos. Chamado para atender um doente às portas da morte que desejava receber os sacramentos, o frei se encontrou diante de um impasse, visto ser na parte da tarde e a Igreja não permitir, conforme normas da época, celebrar a Eucaristia àquela hora. Frei Roberto pensou: "O Papa é para todo o mundo, o bispo é para sua diocese, o vigário para sua paróquia, e eu aqui sou para essa necessidade. Rezei a missa, e o doente comungou. Voltei à noite para casa; duas horas de subida, remando no rio".

Hoje, as condições em que vivem os missionários não apresentam grandes diferenças do passado. Continuam isolados. Comunicam-se apenas por "fonia" que a Igreja-irmã de Itabira (MG) lhes ofertou. Tal é o isolamento a ponto de fr. Arsênio Sampalmieri, há mais de quinze anos entre os índios, dizer que "não se sabe mais a que mundo se pertence. Quando se está no meio dos índios, está-se fazendo parte de um outro mundo, mas sabendo que não pode existir uma identificação completa com eles. E quando se está no ambiente dos brancos, a gente já se sente estranho. Acredito que o missionário deve ter uma solidez muito grande, também humana. Caso contrário, pode criar problema para si e para os outros".

Quanto ao desenvolvimento das missões capuchinhas, fr. Arsênio explica que houve mudanças. Quando ele chegou ao Alto Solimões, fervilhavam as ideias do Concílio Vaticano II, mas a prática ainda estava distante, pois a religião continuava baseada nos sacramentos, mediante as "desobrigas", sem interesse pelo social e mesmo sem um conhecimento mais aprofundado sobre a situação socioeconômica da região. Numa segunda fase, as missões começaram a integrar o social em suas atividades pastorais. Atitude que resultou na mudança do lugar

COMUNICAR A MEMÓRIA

social: alguns missionários foram viver no meio do povo, em todos os níveis.

Devido à pouca comunicação na região, as diretrizes da Igreja, quando são lançadas ao público, não recebem impacto e são aplicadas com grande atraso. Daí o perigo de as missões do Alto Solimões ficarem muito tempo vinculadas a sistemas antigos. Entretanto, o esforço de todos os missionários em recuperar estágios pastorais, atualizar-se e acertar o passo é evidente e revela não somente grandes sacrifícios, como um dinamismo crescente na consciência de que também a Igreja precisa ser evangelizada.

O povo à procura de libertação

Na época de nossa reportagem (1985), a prelazia do Alto Solimões tinha oito paróquias com oito padres capuchinhos, dois diocesanos, vários seminaristas, além de três congregações de religiosas. A prelazia faz divisa com o Peru e a Colômbia; possui 143 mil quilômetros quadrados, com uma população de aproximadamente 90 mil habitantes.

Embora se apresentem grandes questões na área social, contempladas pela prelazia, como a terra e a problemática indígena, as missões do Alto Solimões esbarram em três grandes problemas no nível de conscientização, dos quais decorre toda a situação de opressão, pobreza e alienação em que vive o caboclo amazonense. Trata-se da madeira, da seringa e da cocaína.

Existe o famoso "coronel do barranco". Toda a economia da região é praticamente vendida para esse "coronel do barranco" a troco de mercadoria. Há de três a quatro madeireiros em cada localidade, que dominam a mão de obra segundo seus próprios critérios, levando homens que ficam de três a quatro meses cortando madeira nos altos rios. E o barracão é o que sustenta a família que ficou. Só que, enquanto em uma pequena cidade, como São Paulo de Olivença, um "paneiro" de farinha pode ser tirado por 6 mil cruzeiros, no barracão fica entre 15 e 20 mil. Ao chegar e acertar as contas no barracão, o cortador de madeira ou de seringa nunca tem saldo. Nada é registrado, pois muitos nem sabem ler. Quem toma nota é o patrão. Resultado: nunca se consegue liquidar a despesa. Aliás, fica-se devendo. Daí a obrigação de voltar a trabalhar para o mesmo patrão.

Infelizmente, não há força suficiente para enfrentar o grande poder. Muitas vezes o capital é de fora. Algumas serrarias são de colombianos, outras sustentadas por americanos. E a nossa melhor madeira segue para os Estados Unidos. A Pastoral encontra-se diante de uma potência enorme, pois os grupos das comunidades são totalmente dominados pelo poder. Ao abordar o problema – pedindo carteira assinada, por exemplo –, as comunidades recebem como resposta do patrão: "Se você continuar escutando o que aquele padre diz, participando dessas reuniões, você não tira mais fiado aqui". "Como a maioria compra e paga somente no final do mês, sujeita-se a esta ordem, por questão de sobrevivência", afirma um dos missionários. Trata-se de uma escravidão branca contínua. O mesmo sucede com a questão do seringueiro. A cocaína é outro ponto problemático. Há trânsito livre, aberto. Apesar das várias investigações realizadas nesse setor, o mistério nunca se desvenda, demonstrando a implicância de autoridades e, talvez, de membros da polícia em questão. Em Tabatinga, proliferam as "bocas de fumo" onde se fuma o "cocorocó".

Tudo é fiscalizado e está "em dia", pois donos de serrarias, nas mãos de estrangeiros, procuram "limpar o dinheiro". Mas há quem saiba da existência de pelo menos dois laboratórios, ali mesmo no Alto Solimões. Isso sem falar da escravidão das "mulas" – meninas pagas para transportar "farinha" para os familiares. Quando os missionários quiseram penetrar mais profundamente na questão, encontraram a resposta: "Padre, não se meta nisso".

Nesse contexto, prosseguem as missões no Alto Solimões. E os missionários chamam a atenção para o "grito" das pessoas, anunciando que existe um povo à procura da libertação.

Pastoral das Beiras

À beira do rio Solimões, ao entardecer de um domingo, tudo está pronto para o culto. Prática costumeira em todas as comunidades. Numa pequena sala, crianças, jovens, adultos "amontoam-se". Na mesa o crucifixo, a Bíblia e uma lamparina a querosene. A oração é intercalada com cantos que seu João tira de ouvido, no violão. Pedem que expliquemos o Evangelho, pois, para eles, ainda persiste a mentalidade de que "quem vem de fora sabe mais". É preciso um grande malabarismo para fazer emergir a reflexão por parte deles próprios. Então acontece a manifestação da sabedoria popular. Basta que se lhes dê a palavra e confiança em suas capacidades.

Entretanto, existe uma "Pastoral das Beiras", organizada e levada adiante especialmente por irmãs religiosas (Franciscanas do Coração de Maria) que convivem com as comunidades da beira. Um trabalho que consiste no incentivo à medicina popular, caseira – uma vez que o povo não tem acesso aos hospitais, pela distância e pela falta de documentação.

Outra atividade específica é a orientação familiar, com os pais, jovens e crianças. Mas tudo se adapta conforme as necessidades. De dia o povo trabalha; à noite, participa das reuniões, estudando a Bíblia e outros assuntos. As irmãs confidenciam que o ponto de partida é "muita paciência, paciência e muita paciência. Quando a gente pensa que o trabalho pegou, aí é que está começando. Nós sempre fomos acostumados a querer tudo rapidinho... tivemos de fazer uma contínua adaptação. Estamos aprendendo muito com esse povo. A coisa mais importante é respeitar o seu ritmo. Nós temos uma mentalidade.

É preciso ter muito cuidado para não impô-la sobre os outros".

Trata-se de um povo calmo, tranquilo, por vezes passivo. Uma situação de grande sofrimento pelas contínuas enchentes que levam embora sua plantação e mesmo pelo regime de escravidão que vivem. Um dos pontos que merece especial cuidado por parte das irmãs é evitar a doutrinação, mas realizar uma evangelização na linha conscientizadora. "O povo tem muita capacidade de reflexão, mas espera da gente a ação. Vive, ainda, certo fatalismo. Daí a tônica da evangelização muito lenta, mas firme, na linha da conscientização", afirma uma das missionárias.

A cada dois meses, todas as comunidades da beira reúnem-se num único local. Vêm de canoa. "É um dos momentos fortes do 'comunitário nas beiras'." Há confraternização e um dia inteiro de estudo sobre algum tema. Dizem as missionárias que fatos como esses fazem as missões superarem qualquer dificuldade. Mesmo as picadas dos "carapanãs" (mosquitos).

NAS FLORESTAS E NOS RIOS, UM MISSIONÁRIO AUDACIOSO

(SENA MADUREIRA-AC – 1983)

Com mentalidade e linguagem atual, Paolino Baldassari é, hoje, o missionário que grita nas regiões do Purus (Acre) como defensor dos seringueiros e dos índios.

Há 27 anos percorrendo os rios e atravessando as florestas, Paolino gasta sua vida pelo Reino de Deus, na mais absoluta austeridade, e, como homem de muita oração, luta e organiza as populações ribeirinhas para acabar com a exploração de que são vítimas. Para isso, a criatividade funciona, principalmente na implantação de cooperativas e de escolas ao longo dos rios.

Quando nossa reportagem chegou a Sena Madureira (Acre), trazendo consigo somente a esperança de encontrar o missionário mais temido da região, pela fama de ser homem forte, defensor dos seringueiros e índios, precisou compreender, mais uma vez, que as obras de Deus não se realizam segundo a lógica humana. E o que viu?

Um padre de 56 anos – Paolino Baldassari –, pequeno, magro, ligeiramente encurvado, olhos fundos, sombreados por "olheiras", batina creme bastante surrada, já com vários remendos, um cinto preto na cintura. Paolino pertence à Congregação dos Padres Servos de Maria e há 27 anos penetra na intimidade das florestas em busca do povo – os seringueiros e os índios. Em todo aquele "montão de ossos", porém, ressalta a vida disponível – atende três, quatro pessoas ao mesmo tempo –, principalmente os pobres, para quem não tem hora do dia ou da noite; e o largo sorriso que expressa a bondade e a realização de um homem que escolheu gastar a vida pelo Reino de Deus.

"Estou definitivamente no Acre. Daqui só saio à força." Mas, quando Paolino chegou à região, em 1956, mesmo que já tivesse a experiência de passar mal, devido ao sofrimento que enfrentara na II Guerra Mundial, o missionário explica que pensou: "Meu Deus, eu não vou conseguir aguentar quinze dias aqui. O Acre estava em má situação, a borracha a zero; um abandono... não tinha pão. Imagine eu que era acostumado com salame, vinho. E agora nada. Não conseguia comer. Dor de cabeça o dia todo, mas, como não queria ser mole, não dizia nada, e fui pra frente. Carapanã (mosquito) que não era brincadeira! Quando cheguei ao porto, batinazinha branca, e disse para um senhor se queria me dar uma passagem para

Brasileia, respondeu-me: 'Não senhor. Não dou passagem a padre porque é pé frio' (dá azar)".

Encontrando-se com d. Júlio Maciolo – o bispo daquele tempo –, este logo lhe entregou a casinha (o palácio do bispo) com as paredes feitas de tábuas de caixa de guaraná, cadeiras velhas... "Tudo limpinho, porém", ressalta o missionário. Passados alguns dias, o bispo lhe entrega também a Igreja e pede-lhe para construir outra, pois aquela já estava em condições precárias. "Aí eu lhe disse: 'E os meios, senhor bispo?'". "Tu estudaste 22 anos e vens perguntar a mim como se deve fazer?" E foi-se embora. Pois havia muito tempo esperava um padre para substituí-lo.

Completamente tonto, já com a primeira malária, Paolino não sabia por onde começar. Inteligente, porém, com boa memória, homem de muita oração e grande observador da realidade, começou devagarzinho o trabalho, sem grandes pretensões. Mas com perseverança. E sozinho.

Pendurar os sapatos para não entrar cobras

"Paolino, quando tu botá o sapato, de manhã, olha dentro. Porque eu já encontrei cobra", disse-lhe d. Júlio, quando o missionário chegou. Tal era a situação de miséria, o assoalho esburacado... Mas Paolino sempre se preveniu: pendurava todas as noites os sapatos para não entrar cobras.

A opção preferencial pelos pobres, feita em Puebla, pela Igreja da América Latina, não surpreendeu nada o missionário que há muito tempo leva uma vida de pobre, junto com os pobres, tanto que, por renúncia e opção pessoal, só vai à Itália rever os parentes a cada dez anos, e não permite que seu irmão (engenheiro) o venha visitar. "Eu já disse pra ele: 'Se tu tens sorte de ter dinheiro, deveria saber que nós, aqui, passamos fome. Se tens dinheiro, é dos pobres!' E ele aceitou."

Levando uma vida de grande austeridade – quando Paolino viaja para as "desobrigas" é que as pessoas aproveitam para colocar alguma coisa na casa paroquial –, ele desabafa: "Me sinto mal no conforto. Me sinto desajeitado. A única coisa que tenho é um radiozinho pequeno que d. Júlio me deixou para quando sentisse saudade da Itália, escutasse o jornal, à noite. Depois, a BBC de Londres. Aos poucos, eu ia me desinteressando pelos problemas da Itália e me inteirando do Brasil, das coisas do lugar. E d. Júlio me dizia: 'Não pense que, se estou deixando o rádio, é para você ficar rico; é para você ficar atualizado'".

A única coisa que o missionário leva, hoje, na mochila, com os remédios e algumas trocas de roupa, é o seu radiozinho enrolado na rede. Depois que atende o pessoal, retira-se para a "defumaceira" (lugar onde defumam a borracha), à noite, e, na rede, escuta o que acontece no mundo.

Paolino Baldassari é encontrado, muitas vezes, no lombo de burro, em canoa, a pé, de seringal em seringal, e também em bicicleta. Uma coisa, porém, da qual não se descuida é da leitura de bons livros. Enquanto está em Sena Madureira, a casa paroquial é uma verdadeira peregrinação de pessoas que vêm com receitas médicas, porque não podem comprar os remédios. Paolino abre o armário e vê como ele pode substituir pelo que ele dispõe ali. Mas, quando viaja de canoa, está sempre lendo os livros que seu bispo – d. Moacyr Grechi – lhe envia. E confessa: "Tive de fazer uma caminhada dura para renegar certos pontos de vista, porque, quando estudei, os conceitos eram outros, principalmente de antropologia. Por exemplo, é muito mais fácil um padre falar com um rico, do qual muitas vezes precisa de coisas. Entretanto, se ele estiver praticando a injustiça com os pobres, não posso usufruir das coisas dele. É preciso muita coerência".

"Desobriga": sete meses subindo e "baixando" rios

Profundo conhecedor dos altos rios e matas, Paolino é um missionário que, devido às distâncias imensas, sem estradas, fica de seis a sete meses fora, fazendo a "desobriga". Nesse tempo todo – 27 anos de Acre – já contraiu malária 86 vezes. Mas com chuva ou sol, doente ou são, cansado ou não, Paolino sempre encosta no barranco. Seu compromisso com o povo é muito sério.

Primeiramente, prepara os cursos, faz o itinerário da "desobriga"; sobe o rio Iaco, por exemplo, ou Purus... e vai entregando uma carta contendo o aviso que o padre vai chegar tal dia. "Isso tem que ser matemático (não pode falhar), porque os pobrezinhos fazem 30, 40 km com três, quatro crianças a pé para encontrar o padre. O 'noteiro' é quem lê a carta para os seringueiros, porque a maioria não sabe ler. Dou a primeira carta, por exemplo, em junho, sabendo que eu volto em novembro. Subindo e baixando levo seis meses; então, dá tempo de espalhar o aviso."

Nas "desobrigas", Paolino aproveita as embarcações que sobem até às cabeceiras dos rios e, muitas vezes, vem descendo a remo mesmo. Come o que as pessoas oferecem. Às vezes, chega tão cansado pelas tempestades enfrentadas nos rios que pede desculpas ao povo por estar doente. Então, as pessoas amarram a rede numa árvore e sentam-se ao redor. Da rede mesmo Paolino conversa, ensina e escuta o povo. Para ilustrar a questão, somente no rio Iaco existem sessenta seringais. Pode-se imaginar o que significa um dia de viagem, um dia de permanência, durante sete meses.

Hoje, em muitas "desobrigas", há irmãs e voluntários que acompanham o missionário e dão cursos de treinamento para monitores das comunidades de base. E o Evangelho vai-se multiplicando pelo meio da mata.

"Eu vou atrás do meu povo"

Já nas primeiras viagens, Paolino percebeu o clima de injustiça e exploração que reina nas regiões do Acre.

E tomou a defesa dos "sem voz". Tornou-se combativo. Nunca violento. Mas sempre o defensor dos mais fracos, dos que não sabiam ler e eram enganados. Procurava instruir-se também sobre as leis e protegia os seringueiros, assistindo e organizando as populações ribeirinhas.

Compreendendo a fundo a psicologia, os costumes e a forma de viver do seringueiro (mais individualista) e do índio (que vive em comunidade), Paolino aprendeu a atravessar a floresta e constatou que o seringueiro e o índio nunca viram os recursos da natureza permanecerem na região. Antes, eles se tornaram escravos. Promessas de estradas e tantas outras coisas é que não faltam. A reação principal aconteceu, porém, quando os "paulistas" começaram a expulsar os seringueiros das terras. Paolino instruiu-se sobre as leis e preparou um "Catecismo da Terra" e atravessou os seringais deixando e pedindo que as pessoas colocassem o papel na porta da casa: "Quem tinha dezessete anos de permanência era dono e não podia ser jogado fora".

Criou, também, um sistema de cooperativas – artesanal, naturalmente (nesse sentido, faz um apelo para que técnicos no assunto o ajudem) –, principalmente no seringal Guanabara e Ecuriã. Uma vez que não existia mais o barracão do seringalista, os seringueiros começavam a se deslocar para poder sobreviver. Paolino, enfrentando calúnias, ameaças de morte, proibições e "mexendo" até com o governador, conseguiu fazer com que os seringueiros resistissem em suas terras, porque a cooperativa, dirigida pelos próprios seringueiros e não pelo patrão, lhes fornecia o necessário pelo preço justo e não pela exploração do marreteiro.

Eliminar o analfabetismo

Uma das experiências mais belas que Paolino realizou ao longo dos rios, além da cooperativa, foi a construção de escolas. Devido às grandes distâncias, ninguém frequentava a escola, ou seja, ia até o município. Paolino, então, iniciou um trabalho de promoção humana: cada comunidade devia fazer a sua escola. O pai que tivesse três crianças para a escola, precisava dar todos esses dias de trabalho. "Comecei na boca do caeté. Fiz uma reunião, e quem sabia serrar, ia serrar, quem sabia fazer outra coisa, fazia..." Era o sistema de mutirão. Com um companheiro – Eugênio –, improvisou uma serraria móvel, movida com o próprio motor da embarcação. "Era uma animação danada. Alguns seringueiros falharam (prometeram e não fizeram). Mas alguns cortavam a madeira, outros serravam, outros cobriam."

Quando perceberam as escolas, os índios também começaram a pedir. Com isso, Paolino entrou em contato com seis nações indígenas, nos rios do Acre.

E as professoras? "Comecei a perguntar quem sabia ler. Algumas me diziam: 'Eu alejo' (eu arrasto). E quando alguém lia corretamente, eu colocava como professora. E todos os anos, nas férias, damos cursos de treinamento para elas, aqui na cidade. Depois elas se espalham pelos rios afora e vão ensinar. No primeiro ano eu pago a professora – meu irmão me manda recurso da Itália. O segundo ano entrego para a Secretaria de Educação."

Em todos os rios – Caeté, Purus, Macuã, Iaco –, foram construídas cinquenta escolas. Foi o "jeito" que Paolino encontrou para "empurrar" o governo para o interior. Atualmente, muitas das escolas fracassaram. Um bom número continua, dentro de uma dinâmica penosa, a começar por mudar a mentalidade do pessoal que o fato de aprender a ler e escrever não se faz num dia.

A conversa e a experiência de nossa reportagem vivida com o missionário Paolino Baldassari não acaba nesta síntese de fatos. É preciso dizer, ainda, que Paolino desempenhou sempre o papel de padre em tudo aquilo que o povo espera de um missionário. Desde médico – estudava à noite, nos livros de medicina, desde como fazer partos até o remédio adequado para as mais variadas doenças. E lembrando aqueles tempos, não muito distantes, em que precisou rasgar a própria camisa para enrolar o recém--nascido, porque nada havia para enfaixar.

Caso digno de registro, também, é o de um homem que ainda vive "na boca" do Acre e que, no meio da mata, estava para morrer, com gangrena na perna, já até o joelho, e suplicava que Paolino lhe fizesse algo, pois iria morrer daquele jeito. Com necessidade urgente e coragem, Paolino amarrou o homem numa árvore, outros dois o seguravam e deram-lhe dois copos de cachaça para tontear; e, depois de esterilizar um serrote com álcool, Paolino cortou a perna do rapaz. Hoje, ele conta para todo mundo: "Padre Paolino salvou minha vida".

POVOS INDÍGENAS: HABITANTES PRIMEIROS

ÍNDIO TEM NOME DEFINIDO

(1981)

Chama-se Yonomani, Tukano, Deni...

Em abril, o Dia do Índio. Comemora-se sua morte, vida e ressurreição! Diante da complexidade do assunto, esta reportagem quer contribuir para reforçar os sinais de ressurreição do índio brasileiro, focalizando alguns aspectos presentes na problemática, especialmente na área de maior concentração indígena: a Amazônia.

Para que o índio viva no que é seu por direito, há o cuidado especial da Igreja, assumindo-o como merecedor de atenção porque pessoa injustiçada e, portanto, marginalizada.

Abril, dia 19. O índio está no palco. Gritando. Rindo. Dançando. Trabalhando. Comendo. Dormindo... Enfim, brincando de índio para o deleite de uma plateia de brancos. Representando, às vezes, uma vida que já vai longe de sua cultura original. Então, ele é aplaudido. Está só representando! Não perturba ninguém.

Infelizmente, a Semana do Índio – promovida por ocasião do seu dia, envolvendo comemorações com apresentação de artesanato, dança e tudo mais –, sob o pretexto de demonstrar a cultura indígena para "estrangeiro" ver, permanece distante do reconhecimento e do respeito ao verdadeiro brasileiro. Atos estes que implicam compromissos, aliança com as nações indígenas, despojados de interesses à direita e à esquerda.

Sem dúvida, a cada ano, as comemorações ganham maior força. No entanto, por que os índios continuam morrendo sem que se apresentem explicações satisfatórias à opinião pública? Por que alguns veículos de comunicação distorcem os fatos, e a vítima torna-se exatamente o criminoso que assassina, que arruma encrencas, que não cede às negociações com fazendeiros?

Apesar de toda força contrária, existem também gestos profundamente significativos, comemorados no Dia do Índio, como a luta concreta dos índios pela reconquista de suas terras perdidas, pelo direito de reunir-se e organizar-se de forma independente, a exigência de respeito por sua cultura tão aviltada, de respeito por sua identidade étnica, e a luta pela autodeterminação.

Segundo o Congresso Latino-americano dos Povos Indígenas, realizado em março de 1980, no Peru, os índios da América do Sul somam 60 milhões, espalhados em várias regiões. Todos, porém, vivendo o problema comum da tirania, da opressão e da indignidade. E, entre as muitas considerações e denúncias feitas pelos próprios índios, no referido Congresso, consta a seguinte: infelizmente, para muitos governos, tanto de direita como de esquerda, os índios são considerados apenas massa militante sem cérebro.

Índio tem nome definido.
Chama-se Yonomani, Tukano, Deni...

"Pobre de nós! Eu tenho grande dor. Nós índios somos escravos de brancos. É assim... dessa maneira que vão acabar com todos nós. Por que os brancos tem essa inveja de nós, pobres índios, e não nos deixam viver em paz, em nossas terras? Eu tenho esperança em Jesus Cristo; que Jesus Cristo mesmo disse: 'Pai, perdoai essa humanidade, porque eles não sabem o que fazem'. Assim que Jesus Cristo pronunciou nas últimas horas. Por isso, eu perdoo também esses homens que massacraram o meu irmão. E um dia todos nós seremos gloriosos e triunfantes em Jesus Cristo."

Estas foram as palavras espontâneas de um cacique tukano, dirigidas em frente a um grande crucifixo, para os presentes à celebração eucarística em memória do cacique Ângelo Cretã – morto no Paraná em janeiro de 1980. Até o momento, os presentes haviam feito somente denúncias. Mas, de perdão, o exemplo começou pelo próprio índio, apresentando o brilho dos sentimentos puros e delicados que caracterizam os índios.

Poucos sabem que índio é uma palavra inventada por gente da sociedade, mas que não define nada, não caracteriza as pessoas de quem se fala. Egon Dionísio, padre que vive com os indígenas no rio Biá, no Amazonas, afirmou para esta reportagem que se trata de uma generalização atribuída pelos brancos e que, de certa forma, se assumiu hoje para definir os povos nativos. Entretanto, são povos, nações.

Os índios não são pessoas perdidas, sem nomes. Eles se chamam Kaigany, Guarany, Katukinas, Deni, Tukanos, Yonomani...

Ainda conforme afirmação de Dionísio, índio é uma nação como qualquer outra que, nas regiões amazônicas, por exemplo, elaborou toda uma resposta aos desafios das próprias circunstâncias da natureza, da sobrevivência, da religião. O índio é essa pessoa que conseguiu descobrir e concretizar uma harmonia com a natureza, em termos de sobrevivência, convivência social e religiosa... "Então, ele não é índio apenas, mas é índio nação que tem seus valores, suas características dentro de uma configuração geográfica territorial."

Mas o índio é também aquele que se sente roubado – o intrometido. O intruso. Muita dor perpassa o kaimbé Alberto Gonçalves Teixeira, quando afirma: "O Brasil era dos índios. O Brasil não foi descoberto. O Brasil foi roubado. Quando descobriram o Brasil, em vez de se chamar os índios donos do Brasil que moravam, porque a nação que tinha no Brasil era dos índios, eram os donos, eles chegaram e roubaram os índios e pegaram com cacete, com tiro, com pancada, e outros mortos pela fome pros mato, com medo da situação".

E o índio continua a sofrer. A morrer. Alguns até duvidam que ele seja um ser humano, conforme relata Dalmo A. Dallari, em *Folhetim* (20/04/1980): "Há poucos anos, um grupo de índios xavantes viajou até São Paulo, e os responsáveis pela viagem resolveram levá-los até o Jardim Zoológico para que conhecessem animais de que nunca tinham tido notícia e que sempre despertam a curiosidade dos visitantes. Aconteceu, porém, que os xavantes despertaram maior curiosidade do que os animais enjaulados e muitos visitantes do zoológico passaram a seguir o grupo de índios. Vendo essa reação de interesse do público, um guarda do zoológico perguntou a um antropólogo que acompanhava os índios: 'Será que não dá pra arranjar um casalzinho pra gente pôr aqui?'".

Selva amazônica.
Testemunha de sofrimentos indígenas

É na região Norte que se concentra a maior população indígena do Brasil. E muita gente desconhece a história da Amazônia, cujo interesse pela fauna e flora tem despertado a atenção de alguns estudiosos através dos tempos. Mas há muito mistério na mais variada floresta tropical do mundo. Frequentemente, escapam dessa floresta segredos escondidos na densidade da selva. Por testemunhos, somente o rio e a mata. Entretanto, o homem que ali reside não é meta dos programas de solução da Amazônia. Os de fora é que vêm para solucionar os problemas. E o homem da selva, o índio brasileiro, passa a ser o intruso. O vizinho convidado a se retirar. Convidado não... as gentilezas nunca aconteceram com os índios durante quatrocentos anos. Ele é expulso!

A história comprova que os massacres contra as populações indígenas, através dos tempos, foram inúmeros, diminuindo acentuadamente a população. Hoje, as ameaças de extermínio continuam, de certa forma mais violentas, conforme o jornal *Porantin*, "porque o progresso não respeita o direito dos índios".

Um dono sem direito no que é seu

A vivência dos índios na Amazônia, cujo comportamento varia de região para região e, ainda, de grupo para grupo, segue padrões semelhantes quanto à alimentação básica: peixe, caça, complementada com uma agricultura de subsistência. Alguns grupos, como os Katukinas, chegam a cultivar grandes roçados com variedade de plantação – mandioca, milho, feijão, banana. A festa da pupunha, por exemplo, é muito importante na vida social do grupo.

A vida se torna bastante diversificada, porém, para os grupos indígenas que têm contato direto com os "regatões" (mercador que percorre os rios de barco, parando em vários povoados), para troca de seus produtos, adquirindo sal, açúcar, tecido, pilhas, "terçado" (facão). Aí começa a grande exploração: os índios, segundo depoimentos registrados em *Povos indígenas no Jutaí: uma história de morte e esperança*, entregam o produto – sorva, borracha... e o regatão vai dando algumas mercadorias até dizer "acabô dinheiro". Aí, para remate, dá uma garrafa de cachaça para cada índio e vai embora. "É evidente, prossegue a denúncia, que a exploração se dá justamente aí, pois o índio não conhece o valor da mercadoria, do dinheiro (que nunca recebe), nem o peso que o regatão lhe diz ter o produto."

E o fato acontecido no rio Biá ilustra bem a questão. Trata-se de um índio que entregou um "paneiro" (cesto) de sorva que pesou 80 kg. Em troca, recebeu uma caixa de cartuchos, um pouco de tecido, um rolo de linha para a mulher e uma garrafa de cachaça. A Cr$ 15,00 o quilo de sorva, o saldo do índio seria Cr$1.200,00. Mas recebeu uma mercadoria aproximadamente de Cr$ 500,00. Esse tipo de troca e de exploração acontece aos milhares nas beiras dos inúmeros rios da Amazônia.

O principal problema, porém, que os índios enfrentam é a condenação à morte pelo crime de estarem ocupando terras cobiçadas pelos brancos. A corrida desenfreada dos que só pensam em termos de valores econômicos há muito vem destruindo, sem o menor escrúpulo, a cultura do índio, condenando-o à mendicância, à prostituição... não importa o quê. Importa a terra.

Através da história, o índio sempre foi um joguete quanto a ser ou não considerado dono das terras que ocupava. É só analisar as Constituições do Brasil, em que é assegurada aos silvícolas a posse de terra. Mas justamente o índio é aquele que comete crime por ocupar a terra. Segundas intenções dirigem a demora na demarcação das terras. A lei é de dezembro de 1973, e as demarcações feitas até hoje atingem apenas cerca de um quinto dos territórios indígenas.

Para Dionísio, é sobre o índio que reflete todo o processo de ocupação da terra e desenvolvimento do povo da Amazônia. "Existe um despreparo total, se pensarmos, por exemplo, em termos de contratos indiscriminados... estradas que vão se abrindo, entrando, massacrando os índios, como o caso da Perimetral Norte, penetrando em vários territórios indígenas com ou sem a resistência destes. Então, pessoas de estradas, de garimpos, de colonização, munidas já de preconceitos contra o índio, com toda a carga histórica negativa... Aproximando-se assim dos índios, é claro que o resultado só pode ser negativo, destrutivo, de dominação, de opressão. Os grupos multinacionais estão vindo para a Amazônia. Os contratos de risco para a madeira, o petróleo estão aí presentes. Olhando por alto, isto tudo significa violência terrível que se avizinha de todos os grupos indígenas. E o que será deles?"

E Dionísio acrescenta que é preciso uma urgente mobilização para ajudar a ser presença a fim de garantir o direito dos povos da Amazônia, porque "no fundo, acho que a garantia do índio é a esperança da sobrevivência da Amazônia. Porque, acabando com os índios, necessariamente vão acabar com a extensão da floresta".

Nas assembleias, o fortalecimento mútuo

Para defender sua identidade com seus direitos à terra, os povos indígenas organizam-se cada vez mais em *assembleias*, onde fazem levantamentos de problemas e questionamento dos mesmos. Exercem a comunicação entre os diversos grupos através dos chefes e das lideranças indígenas, buscando a resolução dos problemas e, sobretudo, fortalecem-se mutuamente para serem conhecidos e considerados como povos.

Nesse sentido, tendo ainda como centro de atenção o índio, realizou-se de 18 a 23 de novembro de 1980, em Manaus, o Encontro Ecumênico Pan-Amazônico de Pastoral Indigenista. Depois de analisar a situação em que o saque da Amazônia se torna um objetivo estratégico e, portanto, os povos indígenas não só são vistos como insignificantes como também são simplesmente arrasados como um obstáculo ao progresso, o Encontro publicou um documento cuja parte final apresenta as seguintes propostas:

1. A pedido dos indígenas presentes e para acelerar sua organização autóctone, solicitar à CELADEC (Comissão Evangélica Latino-Americana de Educação Cristã) que apoie um Congresso indígena Pan-Amazônico precedido por Congressos Regionais.

2. Buscar mecanismos para enfrentar os problemas das fronteiras políticas ou das circunscrições eclesiásticas que dividem um mesmo povo indígena. Por este motivo, favorecer os encontros e a coordenação dos missionários que trabalham com as mesmas etnias.

3. Suscitar e reforçar estruturas eclesiásticas autóctones de pastoral indígena (indigenização da pastoral).

4. Organizar encontros pan-amazônicos de missionários de base.

5. Acelerar a formação do Centro Ecumênico Indigenista Latino-Americano (CEILA).

6. Implantar canais permanentes de inter-relação entre Igrejas, de Igrejas com indígenas e entre comunidades indígenas.

7. Favorecer uma educação bilíngue e intercultural, a partir da realidade de cada povo, com vistas a afiançar ou devolver aos povos indígenas sua consciência étnica.

Mas por que preocupar-se com uma minoria?

A resposta está contida, a partir do Concílio Vaticano II, nos documentos que ajudaram a superar, pelo menos em parte, a mentalidade de uma cristandade, de uma Igreja número, e ser uma Igreja testemunho, que parte das periferias, dos pequenos núcleos, parte dos pobres condenados, como o próprio povo de Israel, que era um povo escravo.

É nesse contexto que está a esperança, mesmo no nível de Igreja, dizem os missionários. "Eu acho que a nova face da Igreja, nascendo na América Latina, nasce exatamente dali, quer dizer, de um povo marginalizado, de um povo sofredor, das minorias condenadas. Então, eu penso que, quando trabalhamos, por exemplo, com o índio, acredito que não estamos apenas ajudando o pequeno grupinho, mas ajudando, inclusive, os próprios cristãos a reencontrarem o seu compromisso, a sua identidade de luta, de presença, de testemunho junto à humanidade", afirma Dionísio.

Alegando ainda o fato de que preocupar-se com o índio é um dever de consciência que a própria Igreja tem, porque foi usada e se prestou a um sistema de dominação cultural, principalmente a partir do aspecto religioso, Dionísio, que é padre missionário, enfatiza que a Igreja tem a possibilidade de historicamente ser força libertadora que ajuda a garantir, agora, a sobrevivência desses "restos de Israel", esses restos de povos nativos aqui da América.

Igreja comprometida com o índio

Entre os vários órgãos existentes no Brasil, que trabalham em favor do índio, está o CIMI, ligado à CNBB e criado em 1972 como resposta a uma série de angústias dos missionários em relação às formas de missão junto aos índios.

Atuando com muita coragem nas várias áreas indígenas, o CIMI enfrenta atualmente, como maior problema – segundo d. José Gomes, presidente nacional do CIMI –, as condições para poder concretizar seu objetivo: defender o índio em sua integridade física e também preservar seu território. E por isso sofre pressões. Sua participação, entretanto, para que se criasse uma consciência nacional sobre o problema do índio, é inegável.

Ainda, no campo da evangelização, o presidente do CIMI, dirigindo-se aos bispos da Assembleia de Itaici, em fevereiro 1981, afirmou que, "assim como Jesus assumiu um povo sofredor, nós também temos que assumir os índios como marginalizados, esbulhados, famintos, doentes e cuja vida corre perigo sempre".

Portanto, ressaltou ainda o bispo ser necessário que, ao entrar numa área indígena, o missionário conheça bem o problema da autodeterminação do índio, também a posição dos cientistas, antropólogos, sociólogos, sobre a problemática das etnias.

Outra resposta da Igreja, que surgiu ante as necessidades missionárias junto aos índios, foi a OPAN

– Operação Anchieta. Trata-se de uma organização de voluntários, criada em 1969, que, deixando tudo, optam por viver com os povos indígenas, junto às missões do Norte do país, assumindo a sua luta pela terra e pela autodeterminação.

Apesar das nuvens negras, os sinais da ressurreição

Sobre todas as ameaças que atingem os povos indígenas e que são muitas, na dialética da morte e ressurreição, e apesar de "nuvens negras" que pairam sobre todo o seu futuro, pela maneira como a sociedade capitalista avança na conquista da Amazônia, existem também os sinais de ressurreição, da vida de libertação.

E isso partindo dos próprios índios, afirma Dionísio. Isso, através das assembleias que vêm fazendo – instrumento e sinal de resistência. A Igreja assumindo uma presença nobre, um compromisso junto a esses povos; a mobilização nas cidades, favorecendo o surgimento de grupos de apoio em favor do índio.

Tudo isso é esperança. São sinais de vida para evitar massacres, a morte cultural, a dominação do nosso irmão, o índio.

ÍNDIO:
UM SER DESCARTÁVEL?

(1984)

É bem provável que muitos jovens e crianças (e até adultos) nada saibam sobre os índios, embora a Semana Nacional do Índio, instituída no México, no dia 19 de abril de 1949, durante uma reunião da Sociedade Internacional Indigenista, se estenda a todo o Continente.

E a probabilidade se transforma em certeza, quando se faz uma pesquisa e as conclusões aparecem como: "Minha professora nunca falou sobre a situação do índio"; "Eles viviam no Brasil antes da chegada dos portugueses"; "Antes viviam pior, porque tinham de lutar com animais ferozes e com outras tribos inimigas, hoje não"; "Pescavam sem anzóis, andavam nus e tinham o corpo coberto de peles" (*O Estado de São Paulo*, 19/04/1983). E há os mais convictos conhecedores: "Conheço melhor por causa do Jô Soares, mas não entendo por que ele usa paletá". Há, ainda, os que, ao pensar em índio, só guardam a lembrança de terem ouvido que são antropófagos e, por isso, têm medo.

Índio mesmo, infelizmente, ainda permanece confinado a aspectos folclóricos, artísticos – por ocasião da Semana do Índio; talvez até como uma "figura lendária", que já pertence ao passado. Fato que, sem dúvida, é incentivado pelo tratamento que os livros escolares dão ao índio. Nesse sentido, a CNBB pronunciou-se, denunciando que "estes livros falam dos índios sempre no passado, como se não existissem mais. Dizem que ainda sobrevivem alguns grupos na Amazônia e dão a entender que não adianta preocupar-se com eles, porque, mais cedo ou mais tarde, devem integrar-se na civilização, deixando de ser índios". E observa, ainda, a CNBB que "a História oficial fala do índio como inimigo da colonização, responsável pelo fracasso das Capitanias devido aos ataques e aliando-se aos invasores".

A responsável pela visão estereotipada sobre o índio, conforme a profa. Maria Vitória Machado Granero, artista plástica que desenvolveu uma pesquisa no campo, é a TV, que conta com um "aliado" – o livro didático. "Os adolescentes ainda têm, em sua grande maioria, uma visão idealizada da vida do índio, vendo-o como saudável, forte, sem conflitos e, às vezes, deturpada. Num dos livros didáticos, por exemplo, há a figura de uma índia com flores espalhadas por todo o corpo, como as nativas do Havaí ou do Taiti."

Um dia faremos o V da vitória

Na Semana do Índio, porém, a batalha de algumas entidades religiosas e civis, de pesquisadores e antropólogos, tem sido das mais árduas, em termos de esclarecimento e envolvimento da população nos caminhos da conscientização para formar uma opinião pública correta sobre o índio no Brasil.

Batalha que ultrapassa a simples amostra da cultura indígena, abordando a situação concreta e real das nações indígenas, hoje, no Brasil, pois, "a cada dia que passa os índios estão perdendo suas terras devido a interesses econômicos e políticos. Cresce, então, a ameaça da extinção dos aspectos culturais e étnicos, na medida em que as tribos deixam de existir enquanto nação".

Em número de 5 milhões eram os indígenas, quando os portugueses chegaram ao Brasil. Atualmente, o número gira em torno de 220 mil índios distribuídos em cerca de 160 grupos e comunidades. Todos esses grupos são vítimas de mecanismos que os conduzem cada dia mais ao extermínio. Afirma um índio kaingang: "Antigamente, os brancos invadiram nossas aldeias, mataram e escravizaram nossos filhos. Depois eles vieram e criaram o SPI e depois a FUNAI. Disseram que a gente é incapaz de ser dono da própria vida e, então, começaram a controlar em nossas comunidades. Colocam um chefe de posto em cada aldeia, ninguém sai, ninguém entra sem licença dele. Acabam com nosso modo de ser, próprio do índio. Fizeram a gente vestir a roupa velha deles. Dividem a gente cada qual com seu dinheiro e sua vida. E pronto. Depois dizem que é para nos proteger".

O índio vê suas terras tomadas por grandes proprietários e projetos oficiais. Para a construção de represas, os grupos são deslocados para outras regiões, dificultando assim até a sobrevivência dos indígenas. Uma série de planejamentos e projetos levam a opinião pública a ver o índio como reminiscência do passado e obstáculo para o progresso.

É preciso ter a coragem de confessar, também, que muitas vezes as missões religiosas foram instrumentos de opressão, sofrimento e destruição, mediante a imposição da cultura e dos valores dos civilizados. A Igreja, na América Latina, entretanto, reconheceu o seu erro, e luta, também, por justiça, pelo direito a uma vida digna a que os índios têm direito. Os índios são, geralmente, os empobrecidos. Os mais pobres entre os pobres, como afirma o documento de Puebla.

Os povos indígenas, porém, não perdem a fé e a esperança – traduzidas nas palavras de um forte e corajoso índio – Marçal Tupã-Y-Guarani: "Um dia faremos o V da vitória. Seremos vitoriosos" – disse Marçal, morto no dia 25 de novembro de 1983, porque se recusou a receber milhões de cruzeiros para "vender" a terra e trair seus irmãos. A vida toda Marçal lutou pela causa indígena, chegando a vice-presidente da União das Nações Indígenas. Ele sabia que a luta era difícil, por isso afirmou: "Talvez muitos de nós devam escrever a nossa história indígena com o sangue...".

Iaúka no meio dos Myky

Thomaz de Aquino Lisboa,
padre jesuíta que há treze anos vive com os índios Myky,
no Mato Grosso.
Para maior identificação com o povo indígena,
pediu que lhe furassem as orelhas e o nariz.
Recebeu o nome de Iaúka –
inseto pequenino, que parece no tempo da chuva.

Para nossa reportagem,
Thomaz fala de sua opção por viver no meio dos índios
e das condições necessárias e exigentes que devem
acompanhar aqueles que se decidem por tal evangelização.

Puntel – Em que região você trabalha com os índios?

Thomaz – Há treze anos trabalho no norte do estado de Mato Grosso. Bem ao norte já de Cuiabá, por exemplo, que é a capital. São ainda 700 km.

Puntel – E para chegar da capital até essa região?

Thomaz – No tempo da seca, é bastante fácil. As estradas não são asfaltadas – é estrada de chão –, mas vai-se razoavelmente bem. E para chegar, inclusive na aldeia, pelo menos duas vezes por semana há ônibus que passa a 6 km da aldeia. Agora, no inverno (o que a gente chama de inverno é o tempo das chuvas), aí é mesmo difícil, as estradas ficam praticamente interrompidas e, então, é uma aventura mesmo a gente viajar.

Puntel – Você vive no meio dos índios?

Thomaz – Vivo no grupo pequenino dos índios Myky. Esse grupo foi contatado em 1971; portanto, temos somente treze anos de contato. Um grupo que, inclusive, usava machado de pedra. Eram 22 índios, quando a gente os encontrou, perdidos naquela mata do Mato Grosso, muito isolados. Éramos cinco no primeiro contato com esse grupo: dos índios Iranche (uma autodenominação que receberam de outros índios), um colega meu, pe. Adalberto Pereira, e um irmão jesuíta.

Puntel – Desde o primeiro contato com os Myky (1971), você mora na aldeia?

Thomaz – Uma vez localizado, a gente mesmo fez o trabalho de contato, e nos primeiros anos só ia visitá-los porque estavam muito isolados e não havia por que ficar lá com eles. Então, só os visitava. Passava-se três meses, fazia uma visita rápida... estava tudo bem, a gente voltava. Mas a partir de 1974 começaram a entrar muitas fazendas: o pessoal foi entrando realmente e tornou-se

COMUNICAR A MEMÓRIA

muito perigoso o contato desse pequeno grupo com a população envolvente que entrava. Pessoal que ia fazer medições etc. E houve um problema bem sério em 1974, em que os picadeiros entraram praticamente na aldeia com suas picadas. E os índios Myky, já nessa época, através de um índio Iranche que vivia na aldeia e falava melhor o português, foram até essa frente de penetração e falaram para saírem da terra. Os medidores saíram. Depois, porém, chegou o dono e convenceu os índios a saírem. Foi preciso agirmos até com a Polícia Federal para que deixassem a área livre para os índios Myky. Por isso, a partir de 1977, eu me coloquei morando na aldeia, exatamente para ir orientando os contatos e para que o grupo tivesse um prosseguimento normal na sua vida; e eu começava também a ter contato com a população envolvente.

Puntel – Por que essa decisão, digamos, em termos pessoais? Muitos questionam o fato de alguém se decidir a uma minoria.

Thomaz – Em termos de número, eu acho que nós, cristãos, e principalmente nós católicos, contabilizamos demais as coisas. Então, a gente fala: quantos são os índios? São 32 no momento. "Mas 32? Quando há cidades inteiras com 300, 400 mil... não temos gente. Agora, você fica lá com 32?" Então, a gente apela ou dialoga com essas pessoas no nível da fé. No seguinte sentido: eu acredito muito naquilo que a gente diz, na comunhão dos santos. Assim como há pessoas que se sentem chamadas para uma vocação de contemplativas, estão nos mosteiros rezando, e a ação delas é tão benéfica quanto as que estão fora, na vida ativa; assim também eu estar no pequenino grupo é por vocação, pois ninguém me obrigou a isso. Eu acredito que a gente evangeliza não só – vamos dizer – estando junto daqueles índios, mas a toda a população envolvente, porque ali perto dos Myky há uma colonização. Chama-se Brasnorte – a maioria é gente do Sul, paranaense.

Puntel – Que tipo de respeito deve-se ter para com os índios e o que você diria para um jovem, por exemplo, que despertasse para um trabalho semelhante, no meio dos índios?

Thomaz – Eu acho que o mais importante nessa atitude nova da Igreja é ela ter reconhecido que a primeira condição para evangelizar um povo é ter o máximo de respeito junto desse povo ao qual se vai evangelizar. Então, hoje se diz dessa necessidade de uma inculturação ou da palavra encarnação, tentando adotar a maneira de ser, própria do povo, em tudo, com muito respeito. Para aqueles que se sentirem atraídos por um tipo de trabalho junto aos povos indígenas, a gente tem que dizer o seguinte: pode ser que em um primeiro momento sejam levados por um espírito de aventuras, de romantismo, de procurar uma coisa nova, porque talvez não encontrem nada novo nesse tipo de sociedade, e "então vamos lá pra junto dos índios, talvez seja uma coisa até interessante". Mas, se forem com o desejo de respeitar um povo e com a ideia de aprender mais do que ensinar, tentando já conviver com eles em um nível de bastante proximidade, eu acredito que essas pessoas vão fazer um trabalho positivo. É muito difícil ter de abdicar a muitos traços da própria cultura, na alimentação, na habitação, no lazer... Vão encontrar o que a gente chama de "tédio da aldeia", se a pessoa não conseguir se comunicar e fazer vida comunitária com aquele povo indígena. Daí um tremendo isolamento. Mas, se for com toda essa carga de desejo de respeitar aquele povo, desejo de conviver com ele, e de se inculturar, certamente, vai fazer vida comunitária, porque o índio é o primeiro a se aproximar de sua vida, participando dos rituais, das caçadas, da pesca. A coisa é muito interessante, mas é muito exigente. Portanto, se a pessoa tem esse desejo, deveria ir-se preparando muito bem, porque, para junto dos índios, não vai aquele que não tem nada para fazer, ou que não tem qualidades. Ao contrário...

Puntel – É o caso da ir. Elizabeth Rondon Amarante – neta do marechal Rondon e da Congregação *Sacre Coeur de Jesus*. Ela está com os índios, ajudando a alfabetizar, e escreveu até um livro...

Thomaz – Para comemorar os dez anos de contato com esse pequenino povo, ela escreveu *As bem-aventuranças do povo Myky* – esse povo pequenino, junto ao qual a gente está: eu há sete e a ir. Elizabeth há três anos –, mostrando como é que eles vivem, em essência, o cristianismo, nas bem-aventuranças. A ir. Elizabeth está sozinha. A Congregação apoiou muito a vocação dela, embora ela seja a única que está trabalhando com os índios.

ÍNDIOS: "QUEREMOS VIVER!"

(1985)

Novamente a Semana do Índio – 15 a 21 de abril. Tem crescido nestes últimos tempos a movimentação em torno do assunto índio, quer no campo da Sociologia, da Antropologia, quer da Pastoral Indigenista, e dos próprios índios se organizando, autodeterminando-se, na tentativa de encontrar seu lugar dentro de uma história de luta e de luto. História de um povo que se constitui em 220 mil pessoas, concentradas, principalmente, na Amazônia e no Centro-Sul do Brasil.

Diariamente, a questão indígena vem ganhando espaço nos noticiários, como um dos principais problemas que desafiam o Brasil, hoje. Não raro, porém, as notícias fragmentadas, o destaque para certos aspectos que descrevem a reação dos povos indígenas, sem a necessária e devida abordagem sobre o contexto em que vivem os índios, alvo de notícias, contribuem para os não índios terem uma visão falsa da situação e formarem opiniões distorcidas a respeito do problema e da cultura de um povo que, mais uma vez, grita: "Queremos viver!".

Bartolomeu de Las Casas, frei dominicano e bispo de Chiapas (México), que conviveu quase cinquenta anos com diferentes povos indígenas no séc. XVI, considerado o seu maior defensor, em todos os tempos, é claro e objetivo em definir aqueles a quem dedicou sua vida: "Os índios são humildes, pacientes, pacíficos e quietos. São os povos mais delicados, doces, mansos, ternos que eu vi na minha vida, em toda a face da Terra [Las Casas morreu com 92 anos]. Nem os filhos de príncipes e senhores, criados entre nós com todo mimo e delicada vida, são mais delicados que eles". E exemplifica, contando um fato que, talvez, escape à reflexão de uma sociedade violenta e que já caminha a grandes distâncias de uma sensibilidade profunda e terna para com o semelhante. Diz Las Casas: "Se o índio está dormindo e o outro deve despertá-lo, não o faz abruptamente para não incomodá-lo, mas ficará durante uma hora puxando-o levemente pela camisa ou manta, se está vestido; caso contrário, balança o seu pé suavemente, pouco a pouco, acompanhando o movimento com palavras ternas e em voz baixa até despertá-lo, sem que ele sinta".

Para confirmar Bartolomeu de Las Casas, o missionário do Amazonas Teodoro Von Zoggel declarou a nossa

COMUNICAR A MEMÓRIA

reportagem: "O índio é incapaz de matar uma formiga, se ele não precisa".

"Passeando" pelo Brasil

Índios "pacíficos", entretanto, quase não conhecemos, segundo o que nos é apresentado pelos meios de comunicação. É que eles chegaram a uma situação extrema de provocação que, para garantir o que lhes é mais caro – a terra –, adotaram, ultimamente, duas grandes armas: a resistência e a organização.

É inadmissível, por exemplo, que se chegue a recorrer à violência, como no caso dos índios Tikuna, que espancaram o sertanista Cláudio Villas Boas no Alto Solimões, chamando a atenção das autoridades para a sua situação de desespero. Não entramos no julgamento da questão, mas entendemos que tal fato explica o estado de abandono, de cansaço, de luta, de sofrimento, de resistência, de angústia de povos que vivem à mercê de transferências, conforme projetos econômicos.

Correr o olhar pelo Brasil (e somente para citar alguns dos muitos casos que envolvem os índios) é encontrar os Kaingang na luta pela terra, no Sul do Brasil. Em São Paulo, próximo a Itanhaém, os Guarani cercaram sua área e, armados de arcos, flechas e bordunas, prepararam-se diante da invasão dos madeireiros que ameaçam derrubar a cerca com trator, e partir para a violência. No sul da Bahia, os Pataxó estão cercados por jagunços – cerca de mil brancos armados ameaçam os índios, que não têm acesso a água potável e estão sem alimento. Os Apinajé, no norte de Goiás, cansaram de esperar a solução por parte das autoridades e partiram para a demarcação de suas terras, iniciada e interrompida ainda em 1978. A situação se radicalizou; a população local, recebendo armas dos fazendeiros, colocou faixas na cidade contra os índios, espalhando boatos de que estes iam atacar a cidade...

Vítimas da hidrelétrica de Tucuruí são os Parakanã, no Pará. Sem contar quatorze povos indígenas atingidos pelo Grande Carajás – especialmente no Pará e no Maranhão. O território federal de Roraima começa a ser palco de "uma surda luta pela posse dos minérios lá existentes – como ouro, cassiterita e até diamantes, petróleo... e a 'corrida' de terras para criar gado para a exportação". Acontece que há muito tempo estão ali os indígenas somando 40 mil pessoas, quase a quinta parte do total de índios do Brasil. Segundo o jornal *Porantin*, existe uma grande batalha de alguns políticos da região para transformar o território em estado. "E a meta principal é a ocupação das terras por lavradores pobres, que limparão o terreno para os fazendeiros que vêm atrás." E os "conflitos" já começaram.

Por estas e muitas outras situações que os povos indígenas enfrentam, partindo primeiramente para o diálogo, para a "negociação" e, depois, vencidos pelo cansaço das promessas, chega-se, finalmente, ao duro golpe do decreto que regulamenta as atividades da mineração em áreas indígenas, assinado pelo presidente da República no dia 9 de janeiro de 1985. O decreto assinado não foi publicado no *Diário Oficial*. "Existe, mas não vale juridicamente", declarou o ministro Leitão de Abreu.

No emaranhado de incertezas sobre a questão indígena, uma coisa é certa, dizem os índios: "Queremos viver!". A cobiça das terras é a causa principal da violência contra os índios. E concluímos com o antropólogo Carlos Moreira Neto: "Hoje, o que os índios reivindicam é menos de 2% do território nacional. Por que negar tão pouco a quem tinha tudo?".

Declaração solene dos povos indígenas do mundo

Nós, povos indígenas do mundo, unidos numa grande assembleia de homens sábios, declaramos a todas as nações:

Quando a terra-mãe era nosso alimento,
quando a noite escura formava nosso teto,
quando o sol e a lua eram nossos pais,
quando todos éramos irmãos e irmãs,
quando nossos caciques e anciãos eram grandes líderes,
quando a justiça dirigia a lei e sua execução,
aí outras civilizações chegaram!

Com fome de sangue de ouro,
de terra e de todas as suas riquezas,
trazendo numa mão a cruz e na outra a espada.

Sem conhecer ou querer aprender os costumes
dos nossos povos,
nos classificaram abaixo dos animais,
roubaram nossas terras e nos levaram para longe delas,
transformando em escravos os "filhos do sol".

Entretanto, não puderam nos eliminar!
Nem nos fazer esquecer o que somos,
porque somos a cultura da terra e do céu,
somos de uma ascendência milenar e somos milhões.
E mesmo que nosso universo inteiro seja destruído,
NÓS VIVEREMOS por mais tempo que o império da morte!

(Port Alberni, 1975 – Conselho Mundial
dos Povos Indígenas).

ÍNDIOS NO ALTO SOLIMÕES

(1985)

Segundo o jornalista e professor de História da Universidade de Manaus, José Ribamar Bessa, a Amazônia era densamente habitada pelos índios. Somente na Bacia Amazônica havia 5 milhões. Trabalhavam somente três horas por dia e viviam na abundância. Entretanto, foram transformados em escravos e morreram na penúria contribuindo para enriquecer os colonizadores, sedentos da maior riqueza da região: a mão de obra gratuita.

No Alto Solimões, avizinhando-se da Colômbia e do Peru, estão presentes os índios Kanamari, Kambeba e principalmente os Tikuna, com 18 mil membros espalhados em cerca de 56 aldeias. Há também os grupos indígenas do Vale do Javari e seus afluentes – Ituí, Itacoaí... –, perfazendo um total aproximado de dez grupos, todos pertencentes à família linguística Pano. Sendo que, entre estes, existem os arredios e isolados, sem nenhum contato com a sociedade dominante.

Os grupos indígenas dos Altos Rios – entre eles os Mayoruna, Korubo, Matís, Maya, Kanamari, Marubo, Kulina – vivem uma situação extremamente dolorosa, conforme Sílvio Cavuscens, da OPAN (Operação Anchieta) e da Pastoral Indígena da prelazia do Alto Solimões. Encontram-se "quase totalmente entregues nas mãos dos patrões, madeireiros e seringalistas, que saqueiam as riquezas naturais de suas terras. Isto quando suas terras não são diretamente invadidas pelos amplos projetos, como é o caso da Petrobrás".

O Vale do Javari – extremo oeste do Brasil – é uma região de densas florestas. Os índios arredios, principalmente os Korubo, que ali se encontram "não aceitam nenhuma forma de contato com a sociedade nacional. É nessa região que, em 1982, a Petrobrás reiniciou atividades de pesquisa e prospecção geológica e sísmica, que haviam sido suspensas em 1972". As clareiras da Petrobrás se multiplicam "no pulmão da selva". Somente na área do rio Jandiatuba foram abertas mais de cinquenta picadas, com aproximadamente quinhentas clareiras. Estão sendo construídas pistas para aviões de médio porte. Serão erguidas, também, cidades "como base de apoio e consolidação da presença da empresa na área".

No Vale do Javari, conforme Sílvio Cavuscens, nenhuma área indígena está demarcada. Existem apenas propostas de um Parque Indígena no Alto do Javari.

Enquanto isso, repetem-se as cenas de invasão, criando um clima de tensão violentíssima, resultando em mortes. Só que, até agora, a qualquer morte ocorrida, os acusados são os índios.

Tikuna: organização e resistência

Noomá (Bom dia!), fala a nossa reportagem à pequena índia Judite, que estende a mão e sorri rápida e timidamente. Os que assistem à cena – índias e índios Tikuna – entreolham-se, sorriem de satisfação, porque alguém se aproxima falando a sua língua. Apenas uma correção: é preciso pronunciar mais docemente, adverte Xavier – índio Tikuna, colombiano e noviço dos padres Capuchinhos. "Há diferença na pronúncia da mulher, do homem e da criança."

A pequena índia, da aldeia de Umariaçu – nas proximidades de Tabatinga, no Alto Solimões (AM) – responde docemente *Noomá!* Em seguida, o cacique da aldeia oferece uma cabaça (cuia) com água para lavar os pés, pois o barro do caminho (6 km) percorrido a pé fizera um "pequeno estrago". Convivendo com índios de diversas regiões do Brasil, e, ultimamente, com os Tikuna, no Alto Solimões, nossa reportagem é testemunha de valores sem conta presentes na cultura indígena.

Pequenos de estatura, traços faciais acentuados, os Tikuna são calmos e pacíficos, zelosos pelos costumes da tribo. Bastante silenciosos e, quando falam, a voz é baixa.

Segundo fr. Arsênio Sampalmieri – frei capuchinho que vive há dezoito anos com os Tikuna –, estes índios habitavam antigamente malocas que serviam para vários grupos familiares. Hoje, as suas casas se assemelham às dos não índios. Curioso notar como as crianças são carregadas sobre o quadril esquerdo da mãe. Dizem ser o lado esquerdo para que as crianças sintam as batidas do coração. Aos 3 anos de idade, as crianças já sabem manobrar o remo, a canoa e o terçado (facão) na floresta.

A alimentação dos Tikuna não apresenta grandes variedades. Geralmente é constituída de caça, pesca, mandioca e banana. Física e espiritualmente fortes, esses índios são cerca de 18 mil, espalhados em 56 aldeias – com os Tikuna da Colômbia e do Peru chegam a 25 mil, moram na beira do Solimões e seu contato com os brancos deu-se especialmente por causa da borracha. Comerciantes e extratores estabeleceram-se em suas terras, abrindo dezenas de seringais e dominando os Tikuna, que sempre foram mão de obra gratuita ou barata para os "civilizados".

Em 1946, através do SPI (Serviço de Proteção ao Índio), criou-se a primeira Reserva Indígena de toda a região – a aldeia de Umariaçu, para onde convergiram dezenas de famílias Tikuna saídas dos seringais. Em 1975, a FUNAI criou o primeiro Posto Indígena na aldeia Vendaval. Pelos crescentes contatos com a sociedade envolvente, a realidade do povo Tikuna tem passado por modificações. "A sociedade trouxe, inevitavelmente, uma dependência cada vez maior para com ela e sérias interferências na cultura do grupo, com tudo o que isso representa em termos de dificuldades e confusão na mente de um povo em desequilíbrio entre dois mundos tão distintos", explica Sílvio Cavuscens.

A introdução rápida de novos elementos civilizatórios, no contexto socioeconômico implantado no Alto Solimões, imprimiu nesses índios uma nova era, em que eles precisam aprender a sobreviver. E os Tikuna estão assimilando, inclusive de forma bastante violenta, os "moldes negativos" da sociedade dos não índios, como o individualismo, a ganância, o consumismo, o alcoolismo etc.

A principal questão, entretanto, que enfrentam os Tikuna é a terra, totalmente cobiçada pelos madeireiros e seringalistas. Os fazendeiros também tentam ampliar seus campos de gado nas áreas indígenas. A invasão das áreas de pesca dos Tikuna por barcos pesqueiros interessados na industrialização do produto já constitui problema, ganhando dimensões violentas, uma vez que os Tikuna começam a reagir.

Toda preocupação do povo volta-se para a terra, visto que ela não está demarcada. Fruto de uma longa caminhada, os Tikuna, a partir de 1980, começaram a se organizar, realizando a Primeira Assembleia das Lideranças Tikuna. Tudo para obter a definição de suas terras. Atualmente, a nação Tikuna é a única do Alto Solimões que, de fato, está se organizando para procurar fazer valer seus direitos, uma vez que a experiência de mais de trezentos anos de contato com os não índios lhes possibilitou um posicionamento mais firme em relação à sociedade.

Assim que, reunidos em Assembleia, com a presença de 41 capitães, o povo Tikuna declarou: "Neste mês de abril de 1984, o presidente da FUNAI, em conversa com o capitão-geral, falou que as terras serão demarcadas até o final deste ano. Diante desta promessa, os capitães, nesta assembleia geral, reunidos, decidiram acreditar mais uma vez no órgão tutor... Passado este prazo, o povo Tikuna está disposto a conseguir a demarcação das terras Tikuna de qualquer maneira. Faremos a demarcação da terra pelas nossas próprias mãos. Se isto acontecer, os órgãos competentes, assim como o próprio Governo Federal, deverão assumir a responsabilidade pelas consequências que poderão decorrer".

A demarcação não veio.

Quase diariamente, os Tikuna são alvos de notícias. Estão se organizando!

"Queremos viver!"

Crescer na consciência da situação indígena, assumir a angústia, a dor, a injustiça em que vivem nossos índios, optar pelos mais pobres entre os nossos pobres, servindo à sua libertação integral, são os motivos apontados pelo secretário-geral da CNBB – d. Luciano Mendes de Almeida –, ao apresentar o texto-base "Queremos viver!", do CIMI (Conselho Indigenista Missionário) e da CNBB, para a Semana do Índio (15 a 21 de abril de 1985).

Trata-se de um texto em que a Igreja povo de Deus reflete sobre o significado desta palavra-grito "Queremos viver!", dos povos indígenas. "A causa indígena no Brasil, afirma d. Luciano, é uma das questões cruciais do país e constitui um desafio para cada brasileiro."

Há um grito vindo daqueles que se sentem ameaçados em sua sobrevivência. Há um grito – "Queremos viver!" – que vem das aldeias indígenas. A Igreja, que optou pela causa dos oprimidos e porque "é enviada por Cristo para manifestar e comunicar a caridade de Deus a todos os homens e povos" (*Ad Gentes* 10), assume a causa indígena, vivendo "o clamor dos índios contra os projetos econômicos, para o desenvolvimento nacional, esbulhando as terras, saqueando os recursos naturais e destruindo a ecologia das áreas indígenas".

Há um clamor dos índios contra quem, através da história de ontem e de hoje, continua ameaçando a sua vida. Há um grito vindo dos "14 povos cercados pelo Projeto Grande Carajás, que cinicamente leva o nome do povo Karajá e que é 'grande' somente nas dimensões do saque mineral programado". A estrutura fundiária vigente no nosso país faz emergir um clamor dos povos extintos da terra que era sua. E todos gritam: "Queremos viver!".

É preciso sentir o anseio de viver dos povos indígenas. Há uma opção pela vida. Mais do que um anseio humano, "é desejo e promessa divina, expressa em cada página da Bíblia... Na perseverança e na teimosia em defender suas propostas, seus valores culturais e suas terras consagradas por seu sangue e sua história, os povos indígenas vivem a fidelidade ao projeto de Deus, que está presente nas suas culturas e na sua história".

Participar da decisão contra o genocídio e o integracionismo que divide os índios... Trata-se de uma decisão comunitária para buscar a união, "nas experiências de organização e entre ajuda dos diversos grupos indígenas. Na solidariedade decidida de todos os que vivem lutando pela sobrevivência".

NORDESTE:
SEMEADURA
DE EVANGELIZAÇÃO

HELDER CAMARA,
O "REVOLUCIONÁRIO" DA PAZ

(1984)

D. Helder Camara, 75 anos de idade neste mês de fevereiro. Nesta reportagem, os desafios da trajetória de d. Helder como bispo. O preço alto de sua opção pelos pobres e coerência evangélica. D. Helder injustiçado pela Segurança Nacional e condenado ao silêncio. D. Helder, a pregação da paz e da não violência. D. Helder "irmão dos pobres" – título conferido por João Paulo II.

> D. Helder Camara – Arcebispo de Olinda e Recife
>
> Cearense de Fortaleza. Nasceu a 7 de fevereiro de 1909.
>
> Comemorou 50 anos de padre em 1981.
>
> Em 1936, foi transferido para o Rio de Janeiro.
>
> Organizador e secretário do XXXVI Congresso Eucarístico Internacional.
>
> Participou da fundação da CNBB e foi seu primeiro secretário-geral.
>
> 1955: promoção a arcebispo.
>
> Fundou a Cruzada São Sebastião para os favelados do Rio de Janeiro e o Banco da Providência.
>
> Participou do Concílio Vaticano II, de Medellín, de Puebla.
>
> Detentor de vários prêmios e condecorações nacionais e internacionais, já possui 14 títulos de Doutor "Honoris Causa", além de mais de dez prêmios – como o Popular da Paz (na Noruega).
>
> Recebe cerca de oitenta convites por ano de entidades estrangeiras de toda a parte do mundo para proferir conferências. Já escreveu mais de dez livros e centenas de artigos.

"Lá vem o Dom", dizem as pessoas quando avistam d. Helder Camara andando sempre a pé pelas ruas do

Recife, e mesmo quando, vez por outra, desce de um carro de alguém que lhe oferece carona.

Ele é inconfundível no seu porte baixo. Magro. Rápido. Ágil, apesar dos seus 75 anos. Os cabelos rareando na cabeça. Sua palavra é fluente. Os olhos brilham sempre. Seus gestos são largos para o alto e para a frente, como se se dirigissem ao mesmo tempo ao céu e à terra. Envergando uma batina creme com uma grande cruz de madeira no peito, o arcebispo de Olinda e Recife é uma das personalidades mais controversas do nosso tempo, no Brasil e no mundo, desde março de 1964, pelas posições assumidas em defesa dos pobres e injustiçados, por sua campanha no mundo inteiro pregando a não violência ativa e por ter rompido totalmente com os poderosos, adotando a causa dos pequenos.

Por muito tempo chamaram-no de "arcebispo vermelho". Os títulos não foram poupados a d. Helder. Desde os mais elogiosos até os que abrem ferida mortal numa pessoa, mas que sempre levaram o arcebispo a responder com o amor e a paz profundos que existem em seu coração. "Não guardo uma gota de travo de ninguém." Ele não contesta as acusações que lhe fazem.

Inteligência viva da Igreja dos nossos dias, d. Helder é uma das mais ricas personalidades do mundo atual. Muito se fala sobre ele. Jornais sem conta o elogiaram e o apedrejaram – ele é procurado por todo o mundo. Distorções inúmeras do pensamento de d. Helder foram proclamadas. Ele que sempre fala às claras, diz: "Faço minhas conferências escritas. Não posso responder pelo que, às vezes, um jornal publica. *Eu respondo pelo que digo*".

Nesse sentido, existe um episódio que d. Helder conta com a maior tranquilidade: "O cônsul dos Estados Unidos ia entrando no meu gabinete, em Manguinhos, e, de repente, recuou, fez sinal me chamando e, lá fora, me disse: 'Posso garantir com absoluta segurança que nesta sala em que o senhor está há um aparelho de escuta'. Eu sorri e lhe perguntei: 'Quer dizer que o seu aparelho detectou a presença de outro aparelho na minha sala?'. Em confiança, ele mostrou um minúsculo aparelho, como se fosse um alfinete de gravata, e disse: 'Na minha profissão eu posso abrir mão de outras armas, menos desta'. Era um aparelhinho simples e que, realmente, denunciava o esquema de espionagem da minha sala. Aí eu fui caminhando de volta à minha mesa, e o cônsul muito espantado com a minha reação tranquila: 'Mas o senhor não se impressiona?'. 'Não, eu prefiro que eles escutem e gravem, porque eu respondo pelo que digo'".

Pela clareza de objetivos, pela capacidade de realizar mudanças, de enfrentar o diferente, pela coragem dos desafios, pela coerência com a verdade sempre e em todo lugar, mas, sobretudo, pela força interior que traz em si, na simplicidade do ser, de quem conversa habitualmente com o Pai, d. Helder viaja seguidamente para o exterior, convidado a proferir palestras. Sua personalidade, de Norte a Sul do país, arrasta multidões – especialmente de jovens. Buscam em sua figura carismática a coragem e o exemplo de quem segue Jesus Cristo, na proclamação da verdade, da paz, na denúncia da injustiça e da falta dos direitos humanos.

Definir d. Helder é algo muito difícil. Há inúmeras facetas brilhantes. Ao contemplar uma, pode-se perder de vista o conjunto. Trata-se de escolha. Mas como escolher, se em d. Helder tudo é motivo forte para ser publicado? Nossa reportagem está consciente de que, numa homenagem a d. Helder, nos seus 75 anos de idade (sem falar exatamente em renúncia, pois no momento em que esta reportagem está sendo elaborada, sabemos apenas que o arcebispo, conforme todos os bispos, ao chegarem a esta idade, já pediu a sua renúncia a João Paulo II. Mas, como afirma d. Helder, "ao lhe entregar a carta, o Papa colocou-a de lado"), e em tão pouco espaço, não pode esgotar o assunto. Nossa reportagem preferiu, então, deixar de lado os aspectos polêmicos da vida de d. Helder, já tão anunciados aqui e acolá.

E o próprio d. Helder, sem mistério algum, define a si mesmo em resposta à pergunta: "D. Helder é uma criatura humana como todas as criaturas humanas chamadas à vida pela misericórdia de Deus. Eis uma coisa que sempre me impressionou: que bilhões de outras criaturas podiam ter nascido em nosso lugar. É aí que a gente vê como é ridícula a vaidade humana. Sou uma criatura humana e devo essa gratidão imensa a Deus por me ter chamado à vida. Depois, devo uma segunda gratidão, a de que Deus me tenha chamado à graça do Batismo. Além da graça da vida, além da graça da vida cristã, ainda fui chamado ao sacerdócio".

A força do profeta

No Palácio?

Não! D. Helder mora nos fundos da Igreja Sem Fronteiras, no Recife. É a prolongação da sacristia, da qual está separado por uma simples porta de madeira. Ele se movimenta em duas pequenas salas, dorme num pequeno quarto. Pouca coisa. Nessa casinha pobre, despojada, que foi pichada e metralhada mais de uma vez, mora o arcebispo de Olinda e Recife. Ali, ele abre a porta a qualquer hora da madrugada para quem bate, sem mesmo perguntar antes de quem se trata.

Ali ele atende ao telefone, seguidamente de além-mar, convidando-o para palestrar no exterior. Ali, também, ele recebe ameaças de alguns, amizade de outros. A casa é despojada de insígnias. "Não há poder de mando, a não ser o que emana de sua fé."

Em toda sua vida, d. Helder não tem feito outra coisa a não ser doar-se. Entregar-se. Gastar-se. Mas toda a força do profeta Helder reside naquilo que uma testemunha (prefere não ser identificada) diz: "Comecei a penetrar profundamente em todas as palavras que d. Helder pronuncia por esse mundo afora e creio na força da sua mensagem, desde o dia em que ouvi o próprio d. Helder contar, com simplicidade: 'Acordo-me todas as manhãs às duas e entrego-me à vigília. Não há penitência maior do que aquela que Deus coloca em nosso caminho. Na vigília, porém, repasso os acontecimentos do dia em todos os sentidos. Cometemos com o espírito uma injustiça milenar: o descanso do corpo não é obrigatoriamente o descanso do espírito. Na vigília, eu restauro a minha unidade, que foi fragmentada durante o dia. Minha vigília é uma conversa com Deus, uma conversa de camaradas, que não devem ter formalidades nem cerimônias um com o outro. É uma conversa franca, na madrugada, quando escrevo, também, as circulares'. A força do profeta está garantida em todas as madrugadas!".

Os desafios da trajetória

Quando perguntaram a d. Helder quanto custa a sua celebridade, ele simplesmente respondeu: "Na realidade não me considero célebre, nem isso me preocupa. Veja como é difícil alguém ser o primeiro a nos elogiar. Quando fazemos um trabalho qualquer e que chega alguém para elogiar-nos, em geral, já é o segundo, porque o primeiro somos nós mesmos. Quando eu chego, às vezes, a um auditório grande e sinto que lá dentro há amigos e há animação, então, para proteger a fraqueza humana, antes de entrar, eu digo com toda simplicidade: 'Senhor, é a tua entrada triunfal, em Jerusalém. Eu serei teu jumentinho'. Muita gente não entende. Pensa que eu estou bebendo aquelas aclamações. Não sabe que estou recebendo para quem está em cima do jumentinho".

Na trajetória da vida de d. Helder, ele esteve 27 anos em Fortaleza, 28 anos no Rio de Janeiro e 19 no Recife.

Quando em Fortaleza, atuava no setor de educação e teve passagem pelo Integralismo, motivo de muitas críticas ao arcebispo. Tratava-se de uma busca para uma nova ordem social e, a princípio, d. Helder abriu crédito de confiança a organizações ditas populares.

Para explicar certas posições adotadas por d. Helder, ele mesmo conta que Deus lhe deu a possibilidade de viver duas experiências de Igreja – duas fases. E garante que, tanto na primeira como na segunda, havia sempre o desejo de acertar. Então, como toda a Igreja dos tempos passados, d. Helder também se preocupou em ajudar a manter a autoridade. "Era minha missão de pastor. Para isso, nos sentíamos na obrigação de estar perto do governo, ajudando a sustentar a autoridade, e, como consequência, sustentávamos a ordem social, a ordem dos ricos. Nessa época, já tínhamos o pensamento dos pobres, mas para nós a melhor maneira de ajudar os pobres era ficar perto dos ricos, ter a confiança dos ricos."

"Engraçado, nesse tempo todo ninguém me acusou de fazer política. Parecia normal. Agora, quando se tornou impossível continuar sustentando a ordem social, fomos tachados de fazer política, de comunistas etc. Então, sem jamais pregar ódio, sem jamais pregar violência, tenho sempre porta e coração abertos a qualquer um que me procura. Agora, na realidade, é impossível continuar assim, com os poderosos. E aí, na medida em que a gente procura denunciar a injustiça, sem ódio e violência, e encorajar a promoção humana das massas que estão em situação desumana, imediatamente somos acusados de fazer política, de sermos agitadores, de sermos subversivos. Quando uma pessoa, bispo, padre, religioso, leigo ajuda os pobres, nada demais; quando começa a falar em justiça e a defender os direitos humanos, aí os poderosos começam a estranhar."

D. Helder não esconde que marcou presença em palácios e ministérios. Ele tinha a vontade sincera de solucionar os grandes problemas do povo. E obteve apoio oficial para projetos ousados e realizações de vulto como a Cruzada São Sebastião e o Banco da Providência, no Rio de Janeiro. O arcebispo confessa: "Eu já estive muito agarrado ao governo durante tantos anos. Foi toda uma primeira fase de ligação muito estreita com governos. Cheguei a ter o telefone privado de cinco presidentes! Então, hoje, depois de ter vivido toda uma primeira fase, muito ligada ao governo, eu prefiro partir deste princípio: o meu compromisso é com o povo".

"O d. Helder aceito pelos poderosos, respeitado e ouvido pelo governo, consultado pelos maiores da Igreja, amado e reconhecido como benfeitor pelos humildes... assim era o d. Helder do Rio de Janeiro, fundador da CNBB, inspirador da SUDENE, organizador do XXXVI Congresso Eucarístico Internacional..." O abismo das desigualdades na distribuição dos bens e da renda fez d. Helder refletir que se tratava de "uma decorrência da ordem vigente sustentada pelo poder público, legitimada pelas decisões judiciais, abençoada pela Igreja e garantida pelas Forças Armadas. Governo, justiça, religião e exército eram os grandes aliados".

Percebendo essa relação de forças, d. Helder começou a deixar os palácios e aproximar-se do povo. Aconteceu uma passagem: "Deixou de procurar os grandes para obter ajuda deles e levá-la aos pobres. Passou a animar os pobres a se unirem para exigir, por direito, o que antes lhes dava como esmola".

O preço da coerência foi muito alto

Sempre d. Helder preocupou-se com o pequenino, com o pobre. Só que, antes, na primeira fase, um cartão de d. Helder para obter emprego para alguém surtia muito efeito junto aos empresários. "Agora, um cartão seu vale como um passe de repúdio." E d. Helder comenta todos esses fatos sem amargura. Há um sorriso contínuo despontando em seu rosto. Um sorriso que quer dizer, também, esperança. De grande perspicácia em todos os assuntos, d. Helder escapa das armadilhas que lhe pregam, inclusive tendo o cuidado de não ferir aquele que o queria atingir.

E a sua voz ultrapassou (e continua) as fronteiras nacionais e continentais. Veio a denúncia das grandes nações contra as mais pobres e menos desenvolvidas. D. Helder não se cansou de gritar contra o colonialismo interno que mantém a miséria de regiões inteiras do país – como o Nordeste. Lutou para que a CNBB se "dessolidarizasse do poder".

Mas o preço foi muito alto. Atitudes patrióticas e evangélicas de d. Helder lhe trouxeram incompreensão, perseguição e calúnia. Foi uma das grandes vítimas da Segurança Nacional. Execrado pelo sistema, foi condenado ao silêncio. Era proibido divulgar sua voz ou transmitir seu pensamento, ou mesmo citar seu nome. Desceu o peso do silêncio. Mesmo assim, o arcebispo continuava "incomodando" com a verdade de Jesus Cristo, por isso se escreviam horrores contra sua pessoa, negando-lhe o direito de se defender.

Alvo de censuras, calúnias, perseguições, d. Helder sabia que era sua hora de *Getsêmani*. Se se fizer uma releitura dos acontecimentos, fica evidente, afirma d. José Maria Pires (arcebispo da Paraíba), que "o que Deus queria do seu padre Helder era que ele encarnasse na vida o *sacrifício da cruz* que celebrava no altar. Para assumir a causa dos pobres, não deveria contar com aplausos dos poderosos que eram interpelados por sua pregação".

D. Helder, entretanto, viu-se revestido de distinções que Deus lhe reservava: os dois abraços de João Paulo II no aeroporto de Recife e no Joana Bezerra, e o maior dos títulos que ele recebeu: "Irmão dos pobres e meu irmão".

Helder Camara na opinião de alguns irmãos no episcopado

Ele acreditou que as coisas podem ser diferentes

"O caminho que nosso d. Helder vem percorrendo há meio século é esse: ele sempre acreditou que as coisas podem e devem ser diferentes; ele sempre deu o melhor de si em favor de uma profunda mudança da sociedade; e ele acredita na mudança do jeito que o povo canta: 'Eu acredito que o mundo será melhor quando o menor que padece acreditar no menor'" (d. José Maria Pires, arcebispo da Paraíba).

Homem da justiça, dos direitos humanos

"D. Helder soube levar a CNBB para aquele campo de um engajamento profundo dentro da realidade do nosso Brasil e também da América Latina. Durante muitos anos foi e continua sendo o homem da justiça, um homem dos direitos humanos fundamentais. Sempre teve coragem de levantar a sua voz. Foi sempre destemido. Embora não tivesse sido, muitas vezes, compreendido, d. Helder nunca perdeu sua calma, sua serenidade. Ele não procura fama, o vedetismo, mas o bem da Igreja, construção do Reino de Deus, especialmente na vida, na alma de cada pessoa humana. Foi sempre uma presença atuante e até hoje ele não perdeu aquele seu espírito jovem. Precisamos agradecer muito a Deus por essa dádiva que ele deu ao Brasil. A gente nota como nosso episcopado, hoje, tem realmente uma voz muito profética, e ela se deve, em grande parte, a d. Helder" (d. Aloísio Lorscheider, cardeal arcebispo de Fortaleza-CE).

Prioridade ao pequenino

"D. Helder sabe dar, a todo momento, prioridade ao pequenino e despertar o Brasil para construir, no meio de uma desordem internacional tão grande, uma pátria, uma sociedade mais justa, mais solidária e mais fraterna.

Todo brasileiro, mais ainda, todo cristão sabe que d. Helder tem sido e continua sendo para nós um exemplo de Igreja a serviço. A serviço, particularmente, do pobre, como Jesus que veio para evangelizar os pobres. Destemido, constante, procurando sempre a justiça e conseguindo unir seus irmãos na busca da paz, d. Helder vem apresentando para todos os que têm fé e anseiam por uma nova ordem social a certeza de que, no meio dos conflitos, de discriminações, Deus mantém vivo, na humanidade, o espírito profético.

Apesar de sua fragilidade, apesar de tudo aquilo que tem sido a dificuldade de comunicação e expressão, d. Helder representa para nós um questionamento constante, um chamado insistente ao Evangelho, de tal forma que, não a sua palavra, mas a palavra viva do próprio Cristo, permaneça atuante no seio de nossa sociedade" (d. Luciano Mendes de Almeida, secretário-geral da CNBB).

Um trabalho junto com o povo

"D. Helder representa a Igreja junto ao povo de uma maneira muito especial, porque entendeu desde o início que não era um trabalho em favor só do povo pobre, mas junto com o povo pobre. Para nossa geração, que chegou dez anos depois, ele representa a própria CNBB, fundada por ele, com a ajuda dos cardeais Camara e Mota e apoio do futuro papa Paulo VI" (d. Paulo Evaristo Arns, cardeal arcebispo de São Paulo-SP).

Nós ainda estamos no primeiro dia da criação

Em entrevista exclusiva à revista *Família Cristã*, em fins de novembro de 1983, sem comentar o conteúdo profundo de suas palavras, quisemos ressaltar a modalidade da entrevista. O arcebispo pede por escrito as perguntas e diz: "Ah! Minha filha! Essas coisas eu costumo responder nas minhas grandes vigílias" (as grandes vigílias são as horas de oração que d. Helder realiza, com fidelidade, todas as madrugadas).

Quando chegaram as respostas, veio junto uma cartinha que diz o seguinte: "Bondosa Ir. J. T. P. Aí vão as respostas às suas perguntas. Caso não correspondam aos seus planos – o que me parece que vai acontecer –, não vacile em deixá-las de lado. Disponha sempre do irmão em Cristo, Helder Camara".

Puntel – Muitos foram os pronunciamentos que d. Helder fez durante a vida. Hoje, quando o senhor completa 75 anos, qual o discurso mais importante que gostaria de proclamar para o mundo?

D. Helder – Neste mundo criado por Deus-Pai, que é Amor, remido pelo amor do Filho de Deus e seguido constante e amorosamente pelo Espírito de Deus, *sonho em ver* todas as criaturas, de todas as raças, de todos os lares, de todas as línguas, amando sem medo e sem limites, a Deus e às criaturas humanas.

Ao invés de 1º mundo, 2º mundo, 3º mundo, 4º mundo, um só mundo, uma só família humana, uma vez que todos temos o mesmo Pai, e a todos nos irmana o sangue que Jesus Cristo derramou por todos nós.

Puntel – Quando é que se pode dizer que valeu a pena viver 75 anos – como pessoa, como padre, como bispo?

D. Helder – Deus não pede êxitos. Valeu a pena viver como pessoa, como padre, como bispo quando, com a graça divina, nos foi dado oferecer o máximo para corresponder aos planos divinos!

Puntel – Juventude e esperança são temas que caracterizam os pronunciamentos de d. Helder. Por que amar tanto a juventude? Por que falar de esperança para um mundo que "parece morrer" cada vez mais?

D. Helder – Juventude e esperança são sinônimas. Mas é bom lembrar que se é jovem enquanto se guarda uma razão para viver. E, hoje, Deus nos dá mil razões para viver!

Quem disse que o mundo parece morrer?

Nós ainda estamos no primeiro dia da Criação!

Puntel – D. Helder sofreu perseguição. Foi condenado ao silêncio por ter proclamado bem alto os direitos e a dignidade da pessoa humana. O que significa ser profeta? O que d. Helder gostaria, ainda, de anunciar e denunciar ao mundo?

D. Helder – Perseguição? Sofrimento? São a oitava bem-aventurança!

E quanto dar a vida pela paz do mundo, pela expansão da Boa-Nova de Cristo, é privilégio que ninguém merece. É escolha pessoal do Pai. Também quando o Pai escolhe, a força divina transfigura a fraqueza humana.

Ser profeta não é privilégio: é obrigação de todo cristão. Que bela missão ser chamado a ser, em todo lugar e em todo tempo, presença viva de Cristo!

Puntel – Todos falam da renúncia de d. Helder em fevereiro de 1984. Os comentários são os mais variados possíveis. A maioria das pessoas sente pesar porque não teria mais d. Helder na "ativa". Como o senhor se sente diante dessa renúncia, se ela vier a ocorrer?

D. Helder – É natural, naturalíssimo, que bispo também se aposente. E ninguém pode achar 75 anos de idade prematura.

Aposentadoria da Arquidiocese não quer dizer, de modo algum, dar o trabalho por terminado. A aposentadoria é só da diocese. Enquanto Deus der vida e lucidez, espero continuar anunciando, no Brasil e no mundo, a mensagem de Amor e de Paz de Cristo!

D. Helder e a segurança nacional

Nossa reportagem recuperou trechos do discurso de d. Helder na abertura do XII Congresso da União Cristã Brasileira de Comunicação Social sobre "Comunicação, Segurança e Sociedade", realizado em Recife, em novembro 1983.

- Minhas queridas irmãs e meus queridos irmãos.

- Já tenho encontrado quem se mostre um pouco perplexo diante da insistência de esse nosso Congresso (da UCBC) incluir diretamente a palavra *segurança* entre comunicação e sociedade. O Congresso sabe muito bem que ainda está em pé a Segurança Nacional como ideologia, que coloca segurança como valor supremo, valores... valores... que, para nós, cristãos, significa somente Deus. Não há outro valor supremo. E o grave é que essa experiência de culto, particularmente na nossa América Latina, enquanto a segurança é valor supremo, valor dos valores, tudo é válido para defendê-la. Tudo. Nós podemos exigir que cada vez mais as leis, os decretos sejam debatidos corajosamente.

- Não é possível que aconteça de novo, que ainda se repita o caso de nossas dívidas externas. O povo que, em última análise, é chamado a pagar, nunca teve informações seguras a respeito dos empréstimos. É um engano terrível imaginar que, quem não sabe ler nem escrever, não sabe pensar. Eu me lembro de que, depois de tentativas repetidas, solenemente vem a informação: "É necessário dialogar com o Fundo Monetário Internacional". E aí veio uma informação sobre as dívidas, sobre os juros. Mas aí está a triste consequência de faltar a coragem de dizer ao povo a verdade e a verdade toda!

- Ah! Meus queridos amigos, não é possível que o Fundo Monetário Internacional, criado para ajudar os países que eles chamam de países em desenvolvimento, venha querer imiscuir-se na nossa vida íntima. As finanças internacionais são controladas intransigentemente pelas grandes companhias internacionais. E aí está a luta pacífica, mas corajosa das forças vivas do Brasil...

- Precisamos estar alertas. A verdadeira segurança nacional exige nesse momento que, de fato, nós brasileiros assumamos a direção das nossas dívidas. Não é esmagando ainda mais o nosso povo já tão sofrido, não é querendo ainda mais cortar o que já está mais do que cortado, e este é apenas um exemplo porque, meus amigos, nós estamos chegando a um ponto em que aquilo que se passa em nosso país e em todos os outros países do chamado 3º mundo também está atingindo, sobretudo, a agricultura dos países da Europa.

- Meus amigos, quando é que nós vamos entender ou fazer entender, porque entender nós entendemos que a violência do lucro pelo lucro contra a qual se deveria erguer a segurança de todos os países, a violência do mundo, é do mundo e que devia não acontecer!

RELIGIÃO POPULAR NO SERTÃO NORDESTINO

(FREI DAMIÃO – 1981)

*O impasse da religião popular no sertão nordestino
apresenta-se, ainda, fortemente acentuado.
E o fato gira em torno de fr. Damião – missionário que prega
missões desde 1930, empolgando grandes multidões,
e é a figura decisiva na história do catolicismo
popular do Nordeste.*

*Nossa reportagem entrevistou Abdalaziz de Moura,
pesquisador do "fenômeno fr. Damião" no Nordeste,
evidenciando o comportamento religioso das massas,
bem como a explicação de todo o envolvimento do povo,
que busca no missionário o símbolo de afirmação
para a própria cultura.
Trata-se, portanto, de uma análise a partir do povo
e não de uma avaliação ou condenação a fr. Damião.*

O alto-falante anunciava fortemente a notícia que fr. Damião chegaria. Começou o corre-corre: instalação de aparelho de som na igreja, arrumação do púlpito recoberto de toalha enfeitada com flores. Rapidamente, a multidão se aglomerou. Havia até uma comitiva de carros. Frei Damião chegou. O povo "apinhava-se" para ver o missionário. Quando subiu ao púlpito, todos deram vivas aclamando o santo do Nordeste.

Sempre em atitude de recolhimento, o frei anunciou o horário: "Às 19h missa campal; homens separados das mulheres pra ver quem canta melhor". Todos faziam silêncio e escutavam o programa com muita atenção. Os dias de missão transformaram-se em verdadeira festa, naquela cidade do sertão – Ituporanga (PB). E a cidade, na teve, à noite. Frei Damião, depois da missa, pregação e batizados, passava o resto do dia confessando. E todos queriam os conselhos do frei. No dia seguinte, o despertar seria às 4h30: "Nesse dia de missão, ninguém pode ficar na preguiça". E o missionário dava início à procissão do santíssimo pelas ruas da cidade.

A multidão delirava. Era como se estivesse vendo Deus na terra, e, para ver, tocar e receber a bênção do "santo", o povo enfrentava qualquer sacrifício. Mesmo porque a vida das pessoas, no sertão, já é uma dureza contínua.

Puntel – Sabe-se que, em quase todo o sertão nordestino, fr. Damião é o missionário conhecido como aquele que ainda empolga grandes multidões. Para muitas pessoas, ele é um mito. Para outras, uma pedra de tropeço. Como você define fr. Damião?

Moura – Frei Damião é aquele homem de batina surrada, totalmente dedicado às populações do Nordeste, que penetra pelo sertão adentro e vai prometendo fogo do inferno aos pecadores e o paraíso aos justos. Isto ele faz há mais de trinta anos, apesar de seus 83 anos de idade. Conversando com o povo, percebe-se que os carismas de fr. Damião deixaram marcas profundas nas pessoas das cidades e dos campos. Muitos chegavam a ver em fr. Damião um outro pe. Cícero ou *Padim Ciço*, como é comum falar no Nordeste. Conforme dados de uma pesquisa que foi feita com o povo, o que mais as pessoas lembram de terem aprendido de fr. Damião são os conselhos. Conselhos para o bem dos casais, a lembrança do inferno. Por exemplo, "quem pecou, não peque mais; quem roubou, não roube mais. As pessoas que furtam vão para as profundezas do inferno...". E assim uma série de conselhos para não trabalhar nos domingos, para os maridos serem fiéis às próprias esposas, para as mulheres não usarem calças compridas e tantas outras coisas. Tudo, porém, com a acentuação da ameaça do inferno ou do paraíso. Frei Damião é um homem de estatura baixa. Muito dedicado ao trabalho. Dorme uma média de quatro horas diárias e é famoso pela sobriedade na alimentação. Anda por todo o

Nordeste, acompanhado por outro frade capuchinho que o ajuda nas missões. Hoje, ele já está cansado, de cabelos brancos, a voz também um pouco rouca, mas é incrível como as pessoas o escutam; parecem até hipnotizadas. Fazem questão de vê-lo, tocá-lo, mesmo enfrentando filas, esperas, empurrões. É comum a gente constatar que em qualquer lugar onde moram trezentas pessoas, no dia em que fr. Damião chega, pode contar que se reúnem umas 3 mil. Muitas andam léguas e léguas para ouvi-lo.

Puntel – Como fr. Damião desenvolve uma de suas missões com o povo?

Moura – Tudo muito simples. Ele inicia a pregação com o sinal da cruz, reza algumas Ave-Marias e, depois, começa a falar. O tema está sempre dentro de uma linha bastante lógica e escolástica. Começa com uma motivação, depois vem a tese, as objeções, as provas racionais, bíblicas e da tradição, e termina com um apelo à conversão e com explicações práticas. Ele costuma admoestar as pessoas a se livrarem do inferno e frisa a questão dos casamentos ilegais e dos pecados contra a castidade. Às vezes, conta alguma história... mas geralmente os sermões são decorados desde muito tempo e os temas são fundamentados nos seus conhecimentos teológicos, adquiridos há muitos anos na Universidade Gregoriana, em Roma, pois fr. Damião é italiano. A confissão é um dos pontos fortes nas missões que o frei realiza: depois da pregação, vem o convite para a confissão, para assistir à missa e

COMUNICAR A MEMÓRIA

comungar. Fala constantemente que os sacramentos ajudam o cristão na luta contra o pecado.

Puntel – Que tipo de fenômeno religioso gira em torno de fr. Damião?

Moura – Realmente, muita gente se pergunta por que esse homem conseguiu chegar ao lugar que chegou. Por que o povo gosta tanto dele... quer tocá-lo e fica contando os milagres que o frei realiza... Nós fizemos um estudo a partir das pessoas que simpatizavam com o fr. Damião. Sabemos que há diversas explicações, por exemplo, históricas, sociológicas, psicanalíticas e até econômicas. Mas quando fizemos a pesquisa com o povo do sertão, a gente não se colocou como intelectual no meio do povo, mas percebendo e sentindo que havia alguma coisa para além daquela literatura escrita sobre a empolgação do povo pelo missionário. A gente percebe que o frei está numa linha de continuidade de uma série de outros elementos que foram se estabilizando, se estratificando no meio do povo. Porque, no sertão, existem muitas lembranças dos missionários antigos que pregaram em toda a região e até a gente encontra reminiscências incríveis como, por exemplo, o grupo dos penitentes. Então, imperou muito o Catecismo do Concílio de Trento, a "missão abreviada" – livro usado por todos os missionários antigos. E a pregação de fr. Damião pertence a essa corrente tradicional que formou, que se estratificou no meio do povo e passou a fazer parte do tipo de cultura, de religiosidade, quase um patrimônio cultural que se formou na região. E, então,

215

com a reforma conciliar, o frei se tornou um problema. E tornou-se fenômeno. Antes ele pregava tranquilamente. Por isso, uma das explicações profundas do "fenômeno fr. Damião" é justamente esta: o povo do sertão, que durante longos e longos anos formou uma espécie de cultura religiosa, viu no novo tipo de evangelização proposta pelo Concílio Vaticano II, sobretudo no começo, uma ameaça para aquilo que já tinha se estabilizado. E diante da novidade, houve uma reação.

Puntel – De que maneira as pessoas reagiram?

Moura – Fixando-se nas origens. E é fácil de entender o porquê dessa forma de reação, se a gente pensar também que tudo isso coincidiu exatamente com o tempo de repressão no Brasil, em que todos os canais de expressão foram cortados ao povo. Então, não era possível outra forma de reação a não ser a fixação. O bom mesmo, o ideal, era que o povo, com expressões novas, pudesse rever a sua história, o seu patrimônio cultural e enriquecê-lo ainda mais, e não se fixar. E a gente pode notar que a fixação nas origens é típica de grupos inseguros.

Puntel – Não haveria também um envolvimento psicológico por parte das pessoas como explicação para o "fenômeno fr. Damião"?

Moura – Pode parecer incrível, mas o povo do sertão gosta de ouvir falar de inferno, gosta de condenar as coisas do mundo. E isso é muito normal, porque, nessas regiões, o povo quase se isolou de outras formas de tentativa de renovação de Igreja. Não houve, por exemplo, quase em lugar nenhum, uma juventude agrária católica... e o pessoal já sabe o que o fr. Damião vai dizer; não tem novidade. Se chegar um outro missionário, o povo não sabe o que ele vai pregar, mas, com o fr. Damião, o pessoal sabe tudo, porque o frei repete as mesmas coisas desde 1930. E o fr. Damião vai dizer exatamente aquilo que o povo tem necessidade psicológica de ouvir, aquilo que vai dar segurança ao pessoal. A sua pregação dá segurança psicológica, ao passo que de outros missionários cria insegurança. Então, o povo que ouve fr. Damião volta reconfortado, porque o frei deu valor ao que ele tem, deu valor ao que ele sabe, ao que ele pensa. Ele interpreta o mundo como um camponês o faz. Por exemplo, ele interpreta a cheia como sendo a causa dos pecados dos cabeludos, da minissaia, do comunismo etc. E, junto com isso, ele possui todo aquele carisma pessoal; é uma figura realmente carismática, simpática, e, em torno dele, criam-se muitas mistificações. O próprio frei diz que "o povo inventa milagres". Na realidade, porém, os fiéis lhe atribuem uma série de milagres. Ao passo que, se o povo assiste a uma pregação de outro missionário, pode achar bonita, entender, até admirar... mas ele sabe que uma pregação nova é profundamente ameaçadora no sentido de que vai exigir uma conversão, uma mudança de vida, de um comportamento, de interpretação do mundo. E como isso exige que ele veja o mundo de forma diferente do que o via antigamente, o povo rejeita porque não quer se privar da própria cultura, que, para ele, significa cair na insegurança e no vazio. Seria quase perder as razões de viver.

Puntel – Em última análise, parece haver uma necessidade de afirmação do povo...

Moura – Exatamente. Sempre a fidelidade às origens dá certa segurança ao grupo religioso. Para a grande maioria da população, a religião se apresenta quase como a principal forma de afirmação que resta numa sociedade de classe como a nossa. É quase o único elemento de integração social, sobretudo nas grandes cidades. O que o povo adquiriu dos seus antepassados, ele guarda como valor e cultura, e está pronto a defendê-los com ou sem aprovação dos outros. O que importa é que se trata de um patrimônio adquirido e o povo não está disposto a renunciar à sua herança cultural em benefício de outra cultura que se imponha, sobretudo quando se trata de valores religiosos. No caso do povo nordestino, existe um patrimônio adquirido. Há uma ideologia, uma visão do mundo, uma maneira de interpretar os acontecimentos e a vida; por exemplo, a chuva, a natureza, a colheita, o sofrimento, o sexo, o pecado, as promessas, os votos, o rosário, as procissões. E a ideologia de fr. Damião é a mesma do povo. Fatos como cheia, seca ou calamidades são explicadas nos escritos e pregações do missionário do mesmo modo que o povo simples os explica como castigo de Deus! O fr. Damião prega contra a invasão da cultura e da religião dominante ou dos seus símbolos: minissaias, pílulas anticoncepcionais, homens cabeludos, mulheres de

COMUNICAR A MEMÓRIA

calças compridas, abusos do sexo, infidelidades conjugais, desrespeito às tradições populares etc. Por outro lado, ele subestima os valores do povo, sobretudo os religiosos: procissões, missões, veneração dos santos...

Puntel – Poder-se-ia dizer, então, que fr. Damião tornou-se o símbolo de resistência que o povo precisa, na sua luta?

Moura – Para o povo, fr. Damião é a pessoa mais indicada para defender a cultura ameaçada; o único que a valoriza e não estimula a outra. Daí que as pessoas procuram nele a própria cultura, o próprio símbolo. E a figura do frei – estatura baixa, corcunda, sofrido, sacrificado, doado, voltado para Deus e o próximo, dedicado à oração e aos sacrifícios – acaba se tornando a cultura dominada. É claro que não se trata de um mecanismo consciente nem para as massas nem para fr. Damião. Mas, na pregação, no estilo de vida do frei, o povo encontra a sua identidade histórica quase perdida, e relembra o que os seus antepassados ensinaram. É bastante difícil calcular o que está por trás de todo esse comportamento das massas diante do frade capuchinho. Mas tudo indica que existe uma profunda dose de protesto e contestação contra a cultura burguesa e tudo que se apresentar como dominante; então, se estabelece a luta para defender o próprio patrimônio. E, para esse povo, é realmente uma necessidade de sobrevivência.

219

Puntel – Diante desse "impasse" na religião popular, qual a sugestão para uma evangelização adequada?

Moura – Eu penso que é preciso ter muito cuidado na evangelização para que a religião não se torne dominante, porque, então, é óbvio que o povo vai reagir, fixando-se nas suas origens. É importante levar em conta, por exemplo, a questão da linguagem. Geralmente, quando alguém vai evangelizar, leva a sua maneira de interpretar o mundo, que é bem diferente da visão do camponês, do agricultor... e esquece o universo cultural do nosso povo. Assim, a explicação da fé assume várias formas conforme as pessoas, as culturas, as origens, os sentimentos. Para uns, a melhor forma de explicitar a fé diante de um fato é rezar um salmo ou cantar; para outros, é rezar um terço, encomendar uma missa, fazer uma promessa. Para muitos, os gestos valem mais do que as palavras, para outros, a coisa é diferente. Trata-se de descobrir isso. E o caminho que já se iniciou na evangelização, mas é preciso acentuar, é este: não impor que todos imitem ou sigam aquela determinada fórmula. É preciso explicar a fé cristã respeitando os valores daquele povo e fazendo-o descobrir outros. Por que uma coisa é certa: o povo, de uma forma ou de outra, vai sempre evitar censores de sua cultura.

POBRES:
OS MESTRES DE ALFREDINHO

(1985)

Gigante de Deus, vivendo a mística do Servo Sofredor,
conforme descreve a Bíblia, no livro do profeta Isaías,
Alfredinho – pe. Alfredo Kunz – é o homem que fez
uma opção de radicalidade evangélica:
escolheu os pobres como seus mestres.
Sem casa, sem dinheiro, sem seguranças, Alfredinho,
com apenas uma mochila nas costas,
é um dos fortes profetas de nosso tempo.
Ele teve a coragem de "subir a Jerusalém"
("subir ao Nordeste") e ali "se entregar" para morrer e,
assim, VIVER!

Vestido pobremente. Chapéu de palha na cabeça. Chinelo de dedo nos pés... pe. Alfredo Kunz anda pelas ruas de Crateús (CE) encarnando a mansidão do "servo sofredor" que o profeta Isaías descreve no capítulo 53. O Nordeste inteiro o conhece e o chama, carinhosamente, de Alfredinho. Todos têm liberdade e confiança de vir "tomar" a bênção do Alfredinho. Principalmente os pobres. Ele sorri e, suavemente, diz: "Oi, irmãozinho, Deus te faça feliz!".

Nossa reportagem acompanhou Alfredinho pelas ruas de Crateús, participou da celebração na Igreja São Francisco, onde os pobres se reúnem, rezam e, por meio da reflexão, encontram os caminhos que levam à vivência da mística do servo sofredor. Pelas atitudes, gestos de contínua doação serena, pacífica, com paciência infinita, acompanhada de grande vitalidade espiritual, constatamos – "vimos e o coração sentiu" – que ali se encontrava, realmente, a presença viva do Servo Sofredor – Jesus –, conforme descreve Isaías.

Apenas uma mochila nas costas. Ali vão todos os pertences de Alfredinho, incluindo livros, folhetos e até a *santa cruz dos famintos* (uma pequena cruz de madeira), com que presenteou nossa reportagem. Alfredo Kunz tem mais de 60 anos de idade. É missionário da Congregação dos Filhos da Caridade. Chegou ao Brasil com quase 50 anos e há 17 trabalha com o povo do Nordeste, que sofre na seca e nas frentes de emergência. "Cheguei a Crateús, em 1968, para aprender o português e ainda não falo direito", explica ele, acrescentando que isso não é o mais importante. Entretanto, este homem, pequeno de estatura, mas gigante de Deus, fez uma escolha radical em sua vida, depois que chegou a Crateús. Escolheu os pobres como seus mestres. E a sua vida se transformou.

No rosto da prostituta, a luz de Deus

Em Crateús, Alfredinho conta que foi chamado para visitar uma vítima da prostituição – Antonieta, 22 anos, tuberculosa que morava numa miserável casa de taipa, na zona da prostituição. "Ela se confessou e recebeu a comunhão. Depois, fiquei impressionado pela expressão de luz que apareceu no rosto dela. Parece que a presença de Cristo se manifestou toda no rosto de Antonieta. Ela faleceu e tiveram que arrancar a porta para botar o corpo. Foi enterrada no caixão dos pobres e pronto." Depois de um mês, Alfredinho voltou ao local e alugou a casa de Antonieta por 10 cruzeiros mensais. "E já era muito dinheiro, na época! A porta ainda estava no chão. Apenas uma cachorra estava lá, com seus cachorrinhos."

E Alfredinho começou a refletir sobre Antonieta, uma filha de Deus, tratada de maneira vergonhosa pelos homens que lhe puxaram os cabelos, feriram-na... morreu tuberculosa, não tinha recurso, vivia da caridade dos outros... e ninguém reagiu; a sociedade não protestou, ninguém se comoveu. Pelo contrário, achou-se natural que uma vítima da prostituição vivesse de tal maneira.

"Então, pensei, o que foi bom para Antonieta, por que não o seria para mim?" E, voltando-se decidido para a nossa reportagem, desafia: "Entre nós, me explique, se você encontra em mim alguma coisa a mais do que em Antonieta. Pode dizer já, para mim. Eu me sinto igualzinho a ela".

A decisão estava tomada: *viver com os pobres*

Ah! Os pobres! A convivência com eles não é algo acidental para Alfredinho. "Para minha vida, é algo fundamental. E para me obrigar a não sair deste esquema, porque sou uma pessoa acomodada, egoísta, comecei a viver sem dinheiro; não se pode comprar o que se quer. A gente passa a ser dependente dos outros. Foi essa dimensão de dependência dos outros que me ajudou a estar mais próximo dos pobres. Porque, fundamentalmente, o pobre é uma pessoa que depende, absolutamente, dos outros. Os *anawins* (da Bíblia), quer dizer, o pobre que se entrega totalmente na mão de Deus, que espera tudo de Deus."

Alfredinho explica que foi um pulo no desconhecido, mas que se transformou numa oportunidade maravilhosa de descobrir a providência de Deus. "Faz 17 anos que vivo sem dinheiro, e não sinto nenhuma necessidade. Tudo aparece conforme as necessidades da comunidade. E tudo é repartido. Descobrindo a pobreza, a gente tem obrigação de se colocar na escola dos pobres (mestres), porque são eles que nos ensinam a repartir e a confiar na providência, a perdoar, a viver sem segurança, sem procurar o apoio dos 'grandões'. Os pobres são mestres de uma lucidez incrível. Mas só podemos ser ensinados por eles se nos colocamos na condição deles. Se olhamos os pobres lá de cima, o que vamos ver? Vamos fazer apenas análise sociológica, calcular as calorias que eles comem, fazer a lista das doenças... Aquilo que é essencial, o mais importante, a gente descobre só na convivência. E, uma vez que a gente se apaixona por essa convivência, não há razão para parar."

Em fevereiro de 1984, Alfredinho deixou a casa onde morava. Transformou-a em local de oração e saiu pelos bairros. "Agora não tenho mais casa em lugar algum. Isto é muito bom na linha da desinstalação." Alfredinho passa uma semana em cada bairro, nas famílias que o procuram – as mais pobres. Até a data de nossa entrevista, já havia mudado 22 vezes.

Irmandade do Servo Sofredor

Buscando inspiração nos cânticos de Isaías sobre o Servo Sofredor – "porque são a cartinha onde Jesus encontrou o segredo de sua missão" –, Alfredinho iniciou a Irmandade do Servo Sofredor, há anos em gestação, mas que, recentemente, vem firmando-se como pequeno grupo, com a finalidade de revelar ao sofredor de hoje sua vocação de servo sofredor, para que essa vocação, uma vez assumida, se torne redentora e libertadora. "Porque sofredores há demais, mas servos sofredores conscientes, esclarecidos, há poucos!"

Alfredinho procura fazer os membros da Irmandade refletirem: "Eles podem ser, em cada bairro, os elementos permanentes no trabalho pastoral, que vai ser baseado no Evangelho. Deve ser uma turma que reze, trabalhe de maneira gratuita, sensível a essa dimensão de evangelização e do valor do sofrimento dos pobres, tentando revelar que se pode ser, também, um servo sofredor".

Para ser servo sofredor, explica Alfredinho, é preciso sair da passividade. A Irmandade é composta de pessoas que se obrigam a viver no nível dos mais pobres e humildes. "Deve guardar muito forte a dimensão de oração e de gratuidade. Sem estruturação, mas um espírito que leve as pessoas a se colocarem ao nível dos mais pobres, rezar com eles e se deixar converter por eles."

O modelo que anima o grupo é a pessoa de Cristo; porém, de maneira concreta, é Maximiliano Kolbe, um padre que morreu de fome e sede, no bloco 13, com o número 16.670, no lugar de um pai de família, em 14 de agosto de 1941 – em Auschwitz (perto de Cracóvia – Polônia). Na Irmandade, os membros devem percorrer vários passos. A última etapa do servo sofredor é aceitar fazer parte do bloco 13 e receber o número a partir daquele de Maximiliano Kolbe, como sinal de doação, de compromisso de viver até o fim com os mais pobres. Diz Alfredinho: "Ainda não entrei no bloco 13, estou com esperança!".

A Irmandade já existe em vários estados do Brasil, e Alfredinho explica que o servo sofredor é como uma lista amarela, na estrada, para impedir (fazem barreira com

COMUNICAR A MEMÓRIA

o próprio corpo) que o mal – amor ao dinheiro, carestia, violência, opressão etc. – ultrapasse. É toda uma dimensão de não violência. "A América Latina tem um desejo muito grande de libertação. Dos elementos que vão compor essa libertação, eu diria que a cabeça é a Teologia da Libertação. O coração é a mística do servo sofredor; os braços, os pés são a luta não violenta – a não violência evangélica, que não é moleza, braços cruzados diante do mal, mas um compromisso para queimar dentro de si e na sociedade o mal até a raiz."

Alfredinho insiste na diferença entre sofredor e servo sofredor. "Sofredores têm demais! Pessoas que apanham; o que é mais comum do que apanhar? Para ser servo sofredor, é preciso colocar-se entre o opressor e o oprimido. É a redescoberta da dimensão da redenção de Cristo. Há pessoas que correm o risco de pensar essa libertação, sobretudo, em termos políticos e econômicos. E, engajados nessa luta, não sentem mais a necessidade de se abastecer no Evangelho. A mística enraizada no Evangelho, na pessoa de Cristo, tem uma força incrível de transformação da sociedade. Nós devemos chegar ao ponto de acreditar no 'impossível' de Deus: a conversão do opressor. Se eu vivo o radicalismo do Evangelho, não preciso de metralhadora." Assim, o servo sofredor vai procurando conformar sua vida aos quatro cânticos de Isaías, nos capítulos 42, 49, 50 e 53.

"Subir a Jerusalém. Subir ao Nordeste"

Onde há sofrimento, onde há alguém espezinhado, lá está Alfredinho, realizando o gesto profundo de amor, de comunhão. Assim é que trabalhou onze meses como voluntário nos bolsões da seca, mais precisamente na emergência, em Santa Fé, no Ceará. Cerca de quinhentas pessoas, incluindo crianças e mulheres, davam 10 horas de trabalho diariamente em troca de 15.300 cruzeiros. Para se alimentar, compravam o *cestão* a 11 ou 12 mil cruzeiros. Sendo que o *cestão* abastecia a família por apenas uma semana. As outras três semanas "era fome no duro".

Metade da população de Crateús estava nos bolsões. "Essas pessoas eram humilhadas, chamavam os homens de gigolôs, malandros, preguiçosos. Por outro lado, havia a proibição para a entrada de alguma pessoa de comunidade, padre, religiosa ou de sindicato. Fui, então, como voluntário, na Santa Fé. Saí às 4h30 da manhã, peguei algumas ferramentas e comecei a trabalhar. Não fui me alistar porque já sabia que não seria aceito. Veio o feitor, um sargento e perguntaram-me o que eu fazia lá. Disse-lhes que estava trabalhando como voluntário. No terceiro dia veio o comandante e, aos gritos, disse: 'Quais são as injustiças que você encontrou no bolsão de Santa Fé?'. Tive poucas respostas, pois eu tinha apenas três dias de trabalho. Depois me deixou alistar e receber o cestão. Eu dispensei o cestão. Disse que não queria." Tal fato reverteu em transformação muito grande para quinze trabalhadores do bolsão, que entenderam a "mística" do servo sofredor e aprenderam, também, a repartir.

Comunicar a memória

No bolsão, a vida era muito pesada. Alfredinho explica que todos levavam a comida para a "barraqueira" esquentar, ou pôr para cozinhar. Mas o trabalho era cansativo. Das 6h às 11h da manhã. Das 12h às 17h. "Tinha dias que havia reunião, à noite. Eu ia tão cansado que adormecia sentado."

Depois de algum tempo, Alfredinho começou a cuidar dos doentes a dar remédio. Até conseguiu uma enfermeira para ficar no bolsão. Ali, Alfredinho fez profundas reflexões, diante do que viu, registrando-as num livro: *Sangradouro*. No açude, há o sofrimento das pessoas. Há rejeição. Fome. Pelo sangradouro sai toda a sujeira que há na bacia do açude. "Pelo sangradouro de Santa Fé, saíram também as sujeiras daqueles que fizeram a indústria da seca, exploraram os pobres. Se não fosse a paciência, a fé, o espírito de luta, a capacidade de repartir deste povo!... Isaías 53 faz o relato do que aconteceu – uma coisa nunca vista: esse rejeitar, esse lixo da humanidade, que foi maltratado, pisado por nós, pecadores, nos salvou, curou nossas feridas, e a confissão do opressor que reconhece o seu crime e vai merecer o perdão do Servo Sofredor, que foi aniquilado."

O assunto do livro é, então, o sangradouro de Santa Fé. "Do lado de Jesus saiu sangue e água; do açude que sangrou saiu o sangue dos trabalhadores, a esmagação deles. E saiu água: a VIDA!"

Na segunda parte, as lutas, a reação do povo às opressões de dominação, da escravidão. Na terceira, *subir* a Jerusalém é *subir* ao Nordeste. Para Alfredinho, o subir a Jerusalém, de Jesus, significa, hoje, subir ao Nordeste – "sinal de entrega, de morte, mas de vida! E a vida deste povo, para mim, é uma interpelação de toda a Igreja do Brasil... se arriscar". Nessa parte, Alfredinho descreve a luta de uma religiosa para *subir* ao Nordeste.

Da luta, do sofrimento do povo, o que vai nascer? É a reflexão que Alfredinho desenvolve na última parte do livro.

É pela não violência, vivendo a mística do servo sofredor que, em 1981, Alfredinho conseguiu fazer a cidade de Crateús refletir sobre o seu pecado de egoísmo: fecharam as portas; os famintos começaram a saqueá-la. Com a iniciativa de um cartão escrito PAF – Porta aberta aos famintos –, e colocado nas portas das famílias que queriam receber os flagelados da seca, estes começaram a encontrar novamente a fraternidade de irmãos.

Gestos como estes, acompanhados de muito jejum e oração, constituem a tônica evangelizadora de vida de pe. Alfredinho – um pobre entre os pobres!

Rua Dona Inácia Uchoa, 62
04110-020 – São Paulo – SP (Brasil)
Tel.: (11) 2125-3500
http://www.paulinas.com.br – editora@paulinas.com.br
Telemarketing e SAC: 0800-7010081